어른들을 위한 가장 쉬운

윈도우10

어른들을 위한 가장 쉬운

윈도우10

어른들을 위한 가장 쉬운
윈도우10

어른들을 위한 가장 쉬운
윈도우10

초판 인쇄일 2021년 4월 2일
초판 발행일 2021년 4월 9일

지은이 구홍림
발행인 박정모
등록번호 제9-295호
발행처 도서출판 혜지원
주소 (413-120) 경기도 파주시 회동길 445-4(문발동 638) 302호
전화 031) 955-9221~5 **팩스** 031) 955-9220
홈페이지 www.hyejiwon.co.kr

기획 김태호
진행 민선준
본문 디자인 구홍림
표지 디자인 이영은
영업마케팅 황대일, 서지영
ISBN 978-89-8379-733-9
정가 14,000원

Windows 10

어른들을 위한 가장 쉬운
윈도우10

혜지원

머리말

"컴퓨터 기술은 발전했지만 나는 컴맹을 벗어나지 못했다."

어느 분이 컴퓨터 책을 사고 또 샀지만 아직도 뭐가 뭔지 잘 모르겠다며 하신 말씀입니다. 컴퓨터는 날마다 새로운 기기가 나오고 운영 체제도 바뀌어 점점 적응하기 힘들지도 모릅니다.

윈도우10으로 바뀐 운영 체제는 필자도 약간 생소한 느낌이 들었습니다. 컴퓨터를 할 줄 안다고 하는 필자도 생소한 느낌이었는데 다른 분들은 오죽하랴 싶었습니다. 윈도우10은 이전의 운영 체제에 비해서 좋은 기능들을 더 많이 포함하고 있습니다. 하지만 아무리 좋다고 해도 사용하지 못하고 있다면 무슨 의미가 있겠습니까?

이 책은 윈도우10을 처음 접하는 분들이나, 컴퓨터를 사용하고 있지만 아직도 생소한 분들을 위해서 집필한 책입니다.

- 윈도우10의 기본적인 사용법인 화면 구성과 드라이브와 폴더의 사용법
- 파일을 복사해서 붙이는 것과 USB를 포맷하고 파일을 복사하는 방법
- 내 컴퓨터 관리하는 방법
- 새로운 웹브라우저인 크롬(chrome) 사용법
- 스마트폰과 연결하여 파일을 주고받는 방법
- 블루투스 기기와의 연결 방법

새로운 기기와 기술을 사용하는 방법 등에 대해 설명하고 있습니다.

낯설지도 모르고 어려울지도 모르지만 처음 배우는 분들도 차근차근 끈기 있게 읽어보고 익히셨으면 좋겠습니다.

그래서 좀 더 나은 디지털 생활을 만끽하기 바랍니다.

항상 격려를 해 주신 박정모 사장님, 더 좋은 책을 만들도록 노력해 주신 김태호님, 민선준님, 사진의 사용을 허락해 주신 김도연, 신태식, 김학재, 안형준, 권창원님께도 감사의 인사를 드립니다.

저자 구홍림

목차

제 01장 윈도우10 시작하기 11

Section 01 │ 윈도우10 화면 구성   12

Section 02 │ 대화 상자 버튼 사용법   14

Section 03 │ 바이러스 검사와 알림센터 사용하기   16

Section 04 │ [시작] 버튼을 눌러 프로그램 실행하기/

　　　　　　　프로그램 종료하기   19

Section 05 │ 시작화면에 단축 아이콘 고정하기   21

Section 06 │ 시작화면 아이콘 크기 조정하고

　　　　　　　그룹으로 모으기   24

Section 07 │ 드라이브와 폴더 이해하기   38

Section 08 │ 창의 크기 조절하기   43

Section 09 │ 창 이동 후 새로운 폴더 만들고

　　　　　　　이름 바꾸기   46

Section 10 │ 아이콘 크기 조절하기   52

Section 11 | 작업 표시줄의 빠른 실행으로

아이콘 보내기   **56**

Section 12 | 작업 표시줄에서 문서 빨리 열기   **59**

Section 13 | 작업 표시줄 감추고 위치 이동하기   **62**

제 02장 바탕화면 설정하기   65

Section 01 | 바탕화면 바로가기(단축 아이콘)

만들기   **66**

Section 02 | 바탕화면에 있는 창 한 번에 숨기기   **70**

Section 03 | 바탕화면 한 번에 정리하기

(에어로 셰이크)   **72**

Section 04 | 여러 개의 작업창 보기(에어로 스냅)   **74**

Section 05 | 바탕화면 이미지 바꾸기   **78**

Section 06 | 윈도우 테마 바꾸기   **81**

Section 07 | 작업 목록 보이기   **88**

제 03장 탐색기를 이용하여 파일과 폴더 관리하기 97

Section 01 │ 탐색기 화면 구성   98

Section 02 │ 파일 보기   102

Section 03 │ 파일 정렬하기   111

Section 04 │ 내 컴퓨터에서 파일 찾기   118

Section 05 │ 파일들 선택하기   121

Section 06 │ 파일(폴더) 이름 바꾸기   129

Section 07 │ 파일 복사(붙여넣기), 이동하기   132

Section 08 │ 파일 인쇄하기   140

Section 09 │ 파일 압축하기   143

Section 10 │ 파일 삭제하고 삭제한 파일 복원하기   152

Section 11 │ 파일 완전히 삭제하기   155

제 04장 USB 사용하기　157

Section 01 | USB 이해하기　**158**

Section 02 | 컴퓨터에서 USB로 파일 복사하기 1　**160**

Section 03 | 컴퓨터에서 USB로 파일 복사하기 2　**163**

Section 04 | USB에서 컴퓨터로 파일 복사하기　**167**

Section 05 | USB 안전하게 제거하기　**171**

Section 06 | USB 포맷하기　**173**

제 05장 기본 앱 사용하기　177

Section 01 | 오늘의 날씨 보기　**178**

Section 02 | 뉴스 보기　**182**

Section 03 | 계산기 사용하기　**192**

Section 04 | 메일 사용하기　**198**

Section 05 | 화면 캡처(저장)하기　**211**

제 06장 인터넷 사용하기   225

Section 01 │ 인터넷 이해하기   **226**

Section 02 │ 크롬 화면 구성   **227**

Section 03 │ 크롬 설치하기   **229**

Section 04 │ 크롬 계정 만들기   **235**

Section 05 │ 홈페이지(시작페이지)와 북마크바

                          설정하기   **241**

Section 06 │ 앞으로/ 뒤로 이동하기   **248**

Section 07 │ 새로고침   **250**

Section 08 │ 인터넷 검색엔진 설정하고 검색하기   **251**

Section 09 │ 오래전에 방문했던 사이트 찾아보기   **258**

Section 10 │ 방문 기록 삭제하기   **260**

Section 11 │ 네이버 메일 사용하기   **262**

Section 12 │ 확장 프로그램 사용하기   **276**

제 07장 내 컴퓨터 관리하기 285

Section 01 | 내 시스템(사양) 알아보기   286

Section 02 | 드라이브 조각 모음 및 최적화하기   290

Section 03 | 디스크 정리하기   292

Section 04 | 컴퓨터 속도를 빠르게 하기   294

Section 05 | 프로그램 삭제하기   297

Section 06 | 무료 서체 사용하기   301

Section 07 | 시스템 복원 지점 만들기   307

제 08장 외부기기 연결하기 313

Section 01 | 블루투스(Bluetooth) 장치 연결/

해제하기   314

Section 02 | 스마트폰 연결해서 파일 보내고 받기   322

제 01장

윈도우10 시작하기

윈도우10을 시작하기 전에 기본적으로 알아야 할 내용에 대해서 알아보겠습니다.
윈도우10을 사용하는 데 기본이 되는 내용이므로 차근차근 읽어 보시기 바랍니다.
윈도우10의 화면 색상과 아이콘의 색은 버전에 따라 다를 수 있습니다.

윈도우10 화면 구성

윈도우10의 화면 구성과 용어에 대해서 알아보겠습니다.
자주 사용하는 용어이므로 알아 두면 도움이 됩니다.

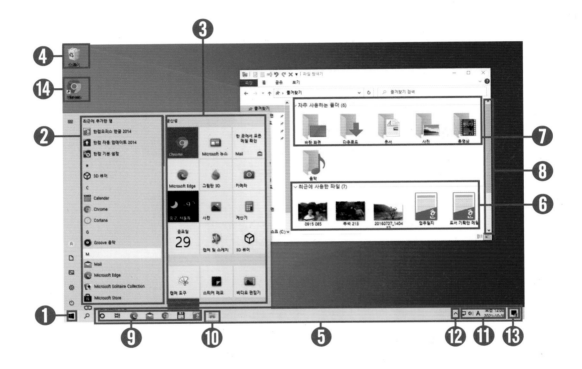

❶ **[시작(⊞)] 버튼** : [시작(⊞)] 버튼을 클릭하면 윈도우10에서 사용 가능한 프로그램 목록이 나타납니다.

❷ **프로그램 목록** : 윈도우10에서 사용 가능한 프로그램의 목록입니다. 여기서 해당 프로그램을 클릭하면 실행됩니다.

❸ **시작화면** : 프로그램 목록에서 자주 사용하는 프로그램이나 정보를 모아 놓아서 좀 더 빠르게 실행할 수 있습니다.

❹ **휴지통(🗑/ 🗑)** : 필요 없는 파일이나 프로그램을 삭제하면 바로 없어지지 않고 휴지통(🗑)으로 이동합니다.

❺ **작업 표시줄** : 시작 버튼, 빠른 실행, 상태 표시 등 현재 사용 중인 상태에 대해서 전반적으로 알 수 있습니다.

❻ **파일** : 컴퓨터에서 운영되는 실행 프로그램이나 실행 프로그램을 돕는 부속물, 실행 프로그램의 결과물로 만들어진 내용을 파일이라고 합니다. 파일은 고유한 이름을 가지고 있습니다.

❼ **폴더( )** : 파일들을 모아서 보관해 놓은 방입니다. 폴더의 모양은 대부분 모양입니다.

❽ **스크롤바** : 폴더의 내용이 많아서 한 번에 볼 수 없는 경우 스크롤바를 좌우 또는 상하로 이동하면 보이지 않았던 내용을 볼 수 있습니다.

❾ **빠른 실행** : 매일 자주 사용하는 프로그램 아이콘을 [빠른 실행]에 놓으면 한 번의 클릭으로 프로그램을 바로 실행할 수 있습니다.

❿ **현재 열려 있거나 실행 중인 프로그램** : 현재 실행 중인 프로그램이나 열려 있는 폴더는 상태 표시줄에서 모양이 다르게 나타납니다.

일반적인 상태	열려 있거나 실행 중인 상태

⓫ **알림 영역** : 현재 윈도우10에서 어떤 프로그램을 실행 중이고 글자의 입력 상태가 한글인지 영문인지, 오늘의 날짜 등을 알려 줍니다. 해당 아이콘을 클릭하면 설정을 변경할 수 있습니다.

⓬ **숨겨진 메뉴 표시** : 상태 표시의 ∧를 클릭하면 숨겨진 메뉴가 나타납니다. 여기서 마우스 오른쪽 버튼을 클릭하고 나타나는 메뉴를 선택하여 설정을 변경할 수 있습니다.

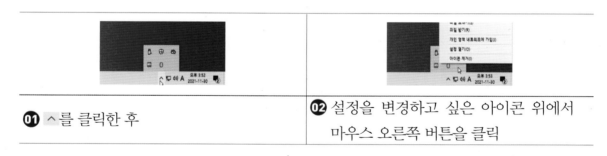

❶ ∧를 클릭한 후	❷ 설정을 변경하고 싶은 아이콘 위에서 마우스 오른쪽 버튼을 클릭

⓭ **알림센터( )** : 윈도우10 시스템과 관련 알림(바이러스의 침입, 프로그램의 실행 여부 등) 메시지를 표시합니다.

⓮ **아이콘/ 실행 프로그램** : 프로그램이나 파일을 이미지로 이해하기 쉽게 만들어 놓은 것입니다.

Section 02

대화 상자 버튼 사용법

윈도우10에서 명령을 사용하려면 대화 상자와 버튼의 사용법을 알고 있어야 합니다. 가장 많이 사용하는 대화 상자의 버튼 사용법에 대해서 알아보겠습니다.

1) 드롭 다운(Drop Down) 버튼

드롭 다운(Drop Down) 버튼은 명령을 클릭하면 사용할 수 있는 명령어가 아래로 펼쳐집니다.

| 선택 전 | 선택 후 |

2) 슬라이드 버튼

클릭할 때마다 '사용 가능'하거나 '사용 안 함' 상태가 됩니다.

| 사용 가능 | 사용 안 함 |

3) 체크 버튼

체크 버튼은 여러 개가 있을 경우 여러 개를 선택할 수 있으며 클릭할 때마다 '사용 가능'하거나 '사용 안 함' 상태가 됩니다.

| 사용 가능 | 사용 안 함 |

4) 라디오 버튼

라디오 버튼은 여러 개 중에 한 개만 선택할 수 있으며 선택한 버튼만 명령이 적용됩니다.

| 둘 중에 아래의 명령을 선택 | 둘 중에 위의 명령을 선택 |

5) 팝업(Pop UP) 버튼

➕ 메뉴를 클릭하면 사용 가능한 메뉴나 명령 창이 나타납니다.

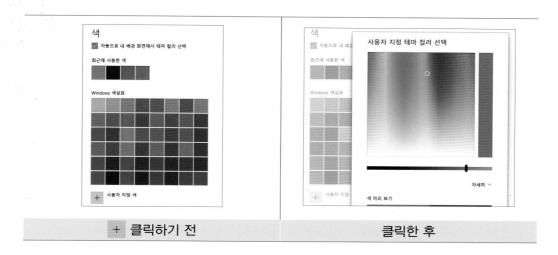

+ 클릭하기 전	클릭한 후

6) 슬라이드 바(Bar)

슬라이드 바를 클릭하여 왼쪽이나 오른쪽으로 드래그하거나 숫자를 조정하여 농도나 깊이 등을 조정할 수 있습니다.

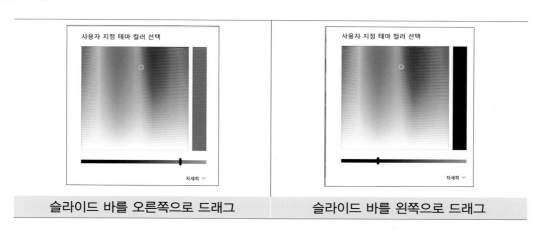

슬라이드 바를 오른쪽으로 드래그	슬라이드 바를 왼쪽으로 드래그

📢 팁! 스피커 볼륨 조절하기

상태 표시줄의 🔊를 클릭한 후 볼륨 조절 슬라이드 바가 나타나면 슬라이드 바를 클릭한 채 오른쪽으로 움직이면 스피커 볼륨 소리가 커집니다.

Section 03

바이러스 검사와 알림센터 사용하기

윈도우10은 악성코드(바이러스)에 감염된 파일이 있을 경우 알림센터(🗨2)에서 알려 줍니다. 알림센터에 있는 알림을 보고 바이러스 검사를 하는 방법에 대해 알아보겠습니다.

01 악성코드(바이러스)에 감염된 파일을 발견하면 알림센터에서 메시지를 보냅니다. 알림 메시지를 클릭합니다.

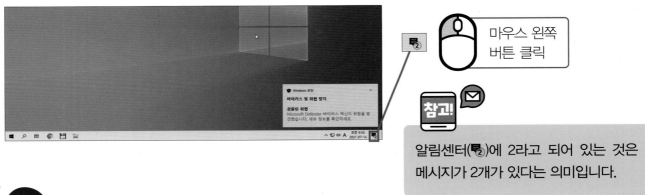

마우스 왼쪽 버튼 클릭

참고!

알림센터(🗨2)에 2라고 되어 있는 것은 메시지가 2개가 있다는 의미입니다.

02 메시지의 내용을 클릭합니다.

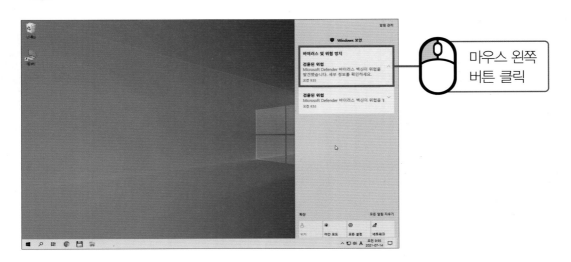

마우스 왼쪽 버튼 클릭

03 윈도우10에서 자동으로 바이러스를 삭제했습니다. 그래도 검사를 해 보기 위해 [빠른 검사]를 클릭합니다. 검사 결과가 이상이 없다고 나오면 [닫기 (×)]를 클릭합니다.

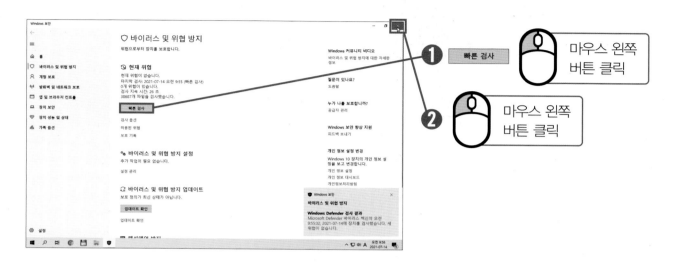

04 메시지의 내용을 삭제하기 위해 [모든 알림 지우기]를 클릭합니다.

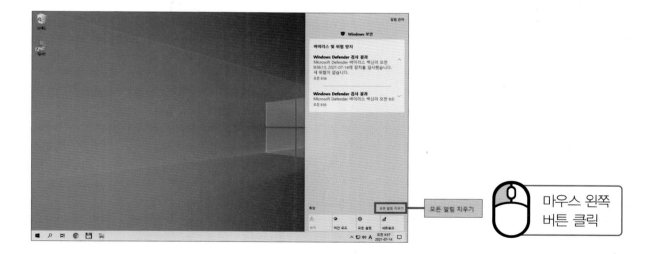

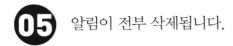 **05** 알림이 전부 삭제됩니다.

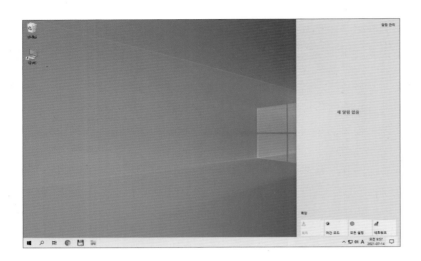

팁! 알림센터에서 하는 일

알림센터에서는 바이러스의 감염뿐만 아니라, 메일과 내 컴퓨터의 상태 등에 대해서도 알려 줍니다. 메일이나 크롬과 연동할 경우 새로운 메일이 왔을 때 알려 주기도 하며 유튜브에서 새로운 동영상의 업로드 또한 알려 줍니다.

Section 04

[시작] 버튼을 눌러 프로그램 실행하기/ 프로그램 종료하기

윈도우10의 프로그램을 실행하는 방법을 알아보기 위해 윈도우10의 [보조 프로그램]에 있는 [메모장]을 실행한 후 종료하는 방법에 대해서 알아보겠습니다.

01 [시작(▦)] 버튼을 클릭한 후 하위 메뉴가 나타나면 마우스를 하위 메뉴로 이동하여 스크롤바를 클릭하고 아래로 내립니다.

❶ 마우스 왼쪽 버튼 클릭

❷ 마우스 왼쪽 버튼 클릭 후 드래그

참고! 마우스의 휠을 굴려서 움직일 수도 있습니다.

02 스크롤바를 내린 후 실행할 프로그램이 있는 [Windows 보조프로그램]을 클릭합니다.

참고! 폴더는 ▭로 표시되며 하위 메뉴가 있다면 ▾가 표시됩니다.

 Windows 보조프로그램

마우스 왼쪽 버튼 클릭

실행할 프로그램(메모장)을 클릭합니다.

마우스 왼쪽
버튼 클릭

04 메모장이 실행됩니다. 메모장을 닫기 위해 [닫기(×)]를 클릭합니다.

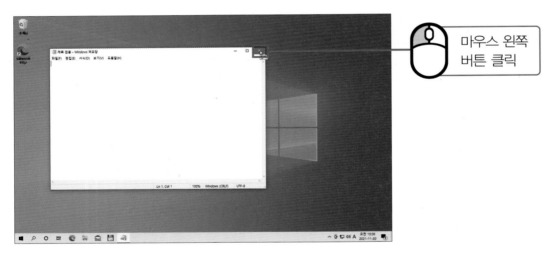

마우스 왼쪽
버튼 클릭

실행된 프로그램은 작업 표시줄에 아이콘이 보입니다.

Section 05

시작화면에 단축 아이콘 고정하기

윈도우10은 [시작(■)] 버튼을 클릭하면 시작화면에 자주 사용하는 프로그램의 단축 아이콘을 지정해서 좀 더 빨리 사용할 수 있습니다.

1) 시작화면에 단축 아이콘 고정하기

프로그램 목록에 있는 아이콘을 시작화면으로 추가한 후 원하는 위치로 이동해 보겠습니다.

01 [시작(■)] 버튼을 클릭한 후 시작화면으로 추가할 아이콘을 마우스 오른쪽 버튼으로 클릭한 후 [시작화면에 고정]을 클릭합니다.

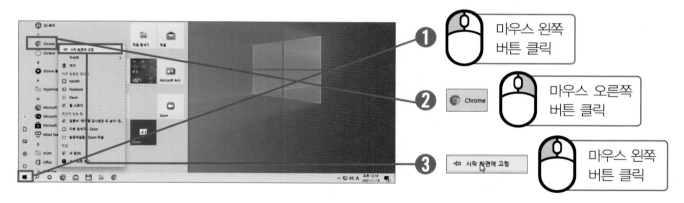

02 단축 아이콘이 시작화면에 생성됩니다. 아이콘이 시작화면에 나타나면 아이콘을 클릭합니다. 이 아이콘을 위쪽으로 이동할 것입니다.

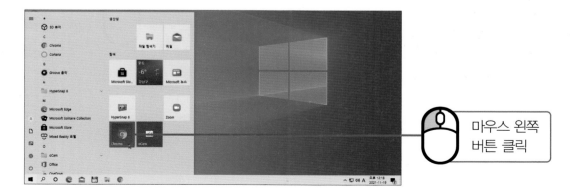

03 아이콘을 드래그하여 위쪽으로 이동한 후 마우스 버튼에서 손을 뗍니다.

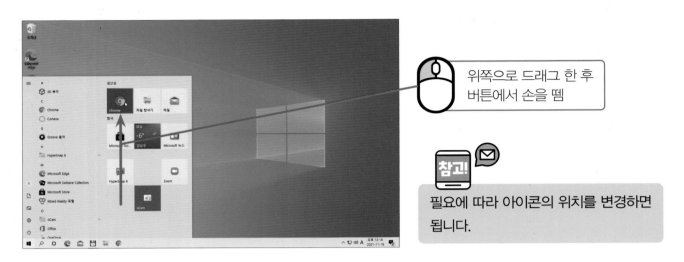

위쪽으로 드래그 한 후
버튼에서 손을 뗌

참고!

필요에 따라 아이콘의 위치를 변경하면
됩니다.

2) 시작화면에서 단축 아이콘 제거하기

시작화면에 있는 단축 아이콘을 제거해 보겠습니다.

01 시작화면에서 제거할 아이콘을 마우스 오른쪽 버튼으로 클릭한 후 [시작화면에서 제거]를 클릭합니다.

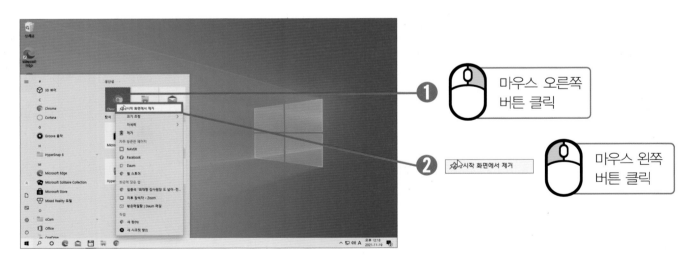

① 마우스 오른쪽
버튼 클릭

② 마우스 왼쪽
버튼 클릭

02 시작화면에서 아이콘이 제거됩니다.

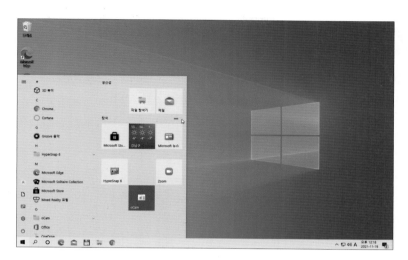

여기서 제거된 것은 단축 아이콘이므로 다시 시작화면으로 보낼 수 있습니다.

팁! [시작] 버튼 마우스 오른쪽 버튼으로 누르기

[시작(⊞)] 버튼을 마우스 오른쪽 버튼으로 클릭하면 윈도우10 기능과 관련된 메뉴가 나타납니다. 여러 단계를 거치지 않고 빠르게 선택한 기능을 실행할 수 있습니다.

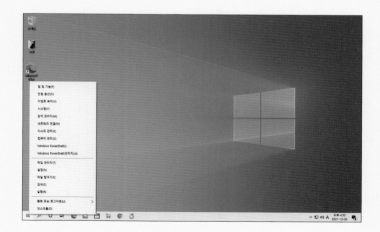

Section
06

시작화면 아이콘 크기 조정하고 그룹으로 모으기

시작화면 아이콘의 크기와 그룹을 설정해 보겠습니다.

시작화면의 아이콘의 크기를 작게 하면 더 많은 아이콘을 시작화면에 배치할 수 있습니다. 시작화면의 아이콘 크기를 작게 한 후 필요한 것끼리 한 개의 폴더에 넣거나 그룹으로 만들어 이름을 변경해 보겠습니다.

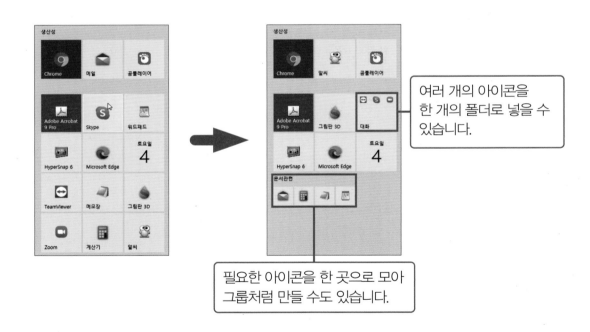

여러 개의 아이콘을 한 개의 폴더로 넣을 수 있습니다.

필요한 아이콘을 한 곳으로 모아 그룹처럼 만들 수도 있습니다.

1) 한 개의 폴더로 아이콘 모으기

비슷한 종류의 여러 개의 아이콘을 한 개의 폴더로 모은 후 폴더의 이름을 변경해 보겠습니다. 스마트폰에서 여러 개의 아이콘을 한 개의 폴더로 모아서 사용하는 것과 같습니다.

 [시작(⊞)] 버튼을 클릭한 후 한 개의 아이콘을 클릭합니다.

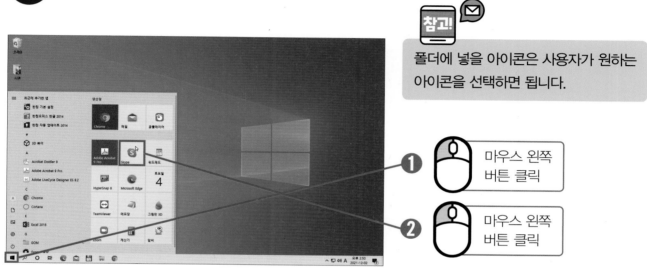

참고! 폴더에 넣을 아이콘은 사용자가 원하는 아이콘을 선택하면 됩니다.

① 마우스 왼쪽 버튼 클릭

② 마우스 왼쪽 버튼 클릭

02 클릭한 채 드래그하여 다른 아이콘의 위로 겹치게 한 후 마우스 버튼에서 손을 땝니다.

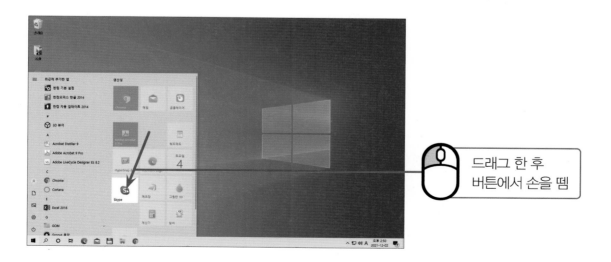

드래그 한 후 버튼에서 손을 땜

03 두 개의 아이콘이 겹쳐지고 ∧ 모양이 되면서 아래에 두 개의 아이콘이 생성됩니다. 폴더에 포함할 다른 아이콘을 클릭합니다.

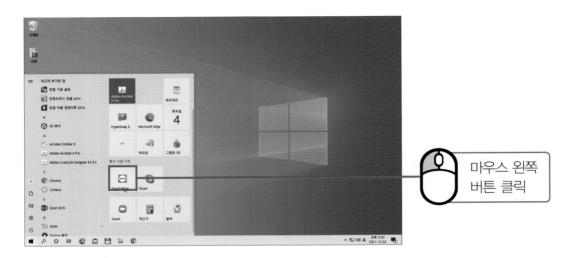

마우스 왼쪽
버튼 클릭

∧는 폴더에 두 개 이상의 아이콘이 포함되어 있다는 의미입니다.

04 드래그하여 ∧로 이동한 후 마우스 버튼에서 손을 뗍니다.

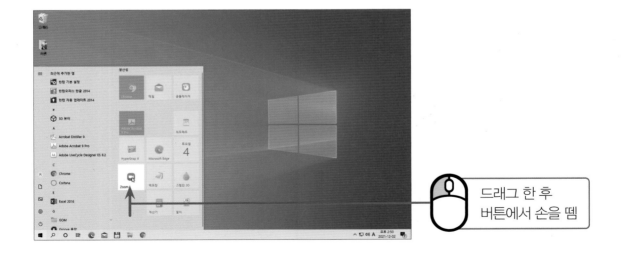

드래그 한 후
버튼에서 손을 뗌

05 ∧ 아래에 세 개의 아이콘이 생성됩니다. ∧를 클릭합니다.

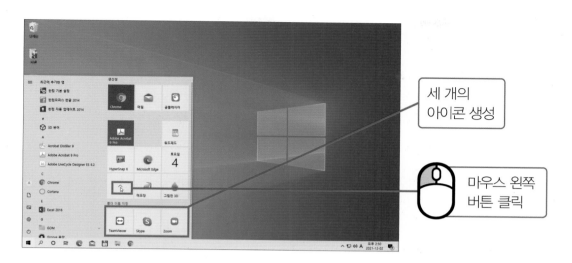

세 개의
아이콘 생성

마우스 왼쪽
버튼 클릭

06 세 개의 아이콘이 한 개의 폴더 안에 포함됩니다. 폴더를 클릭합니다.

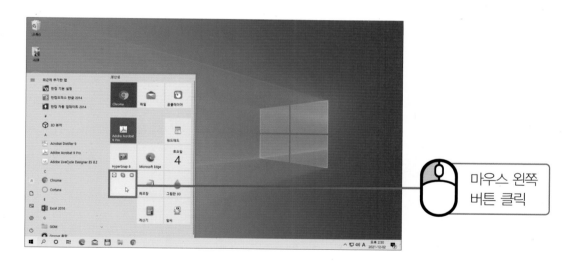

마우스 왼쪽
버튼 클릭

07 [폴더 이름 지정]으로 커서를 이동한 후 클릭합니다.

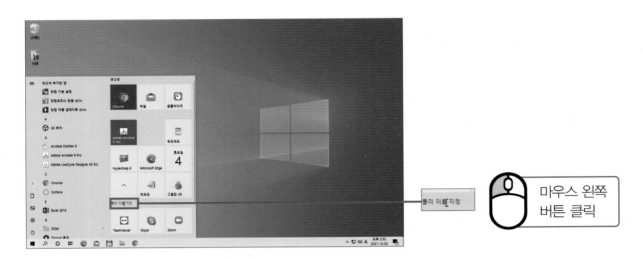

마우스 왼쪽
버튼 클릭

08 이름을 입력할 입력란이 생성됩니다.

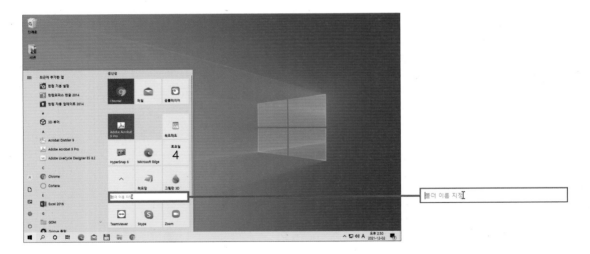

09 폴더 이름(이 책에서는 '대화')을 입력한 후 [엔터([Enter])] 키를 누릅니다.

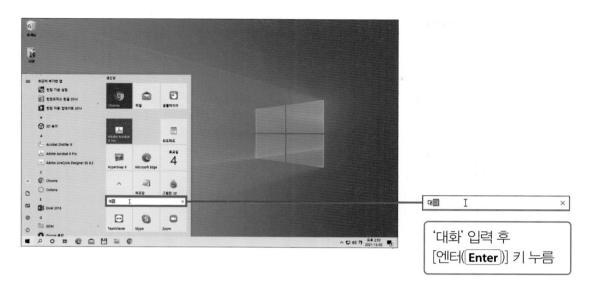

'대화' 입력 후
[엔터([Enter])] 키 누름

10 폴더의 이름이 생성됩니다.

대화

2) 아이콘 크기 작게 하기

아이콘의 크기를 작게 한 뒤 한 곳으로 모아서 그룹으로 만들어 보겠습니다. 여기서는 아이콘의 크기만 작게 해 보겠습니다.

01 [계산기] 아이콘으로 커서를 이동합니다.

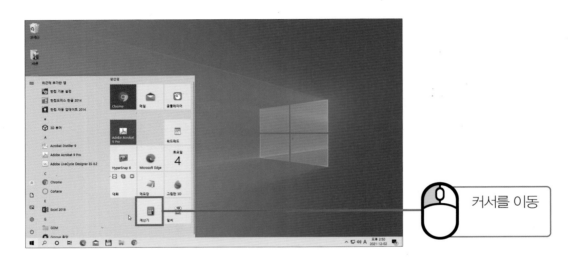

커서를 이동

02 마우스 오른쪽 버튼을 클릭한 후 [크기 조정]-[작게]를 클릭합니다.

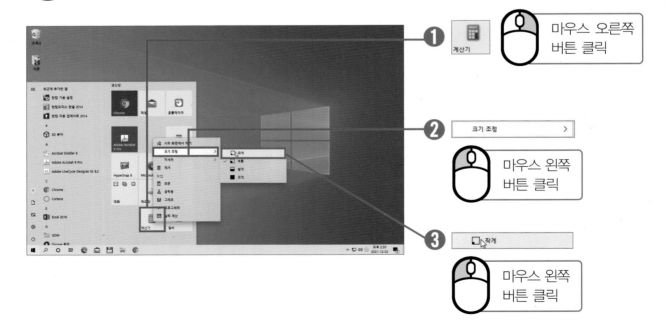

❶ 마우스 오른쪽 버튼 클릭

❷ 크기 조정

마우스 왼쪽 버튼 클릭

❸ 작게

마우스 왼쪽 버튼 클릭

03 계산기 아이콘이 작아집니다. 이번에는 [메모장] 아이콘을 마우스 오른쪽
버튼으로 클릭한 후 [크기 조정]–[작게]를 클릭합니다.

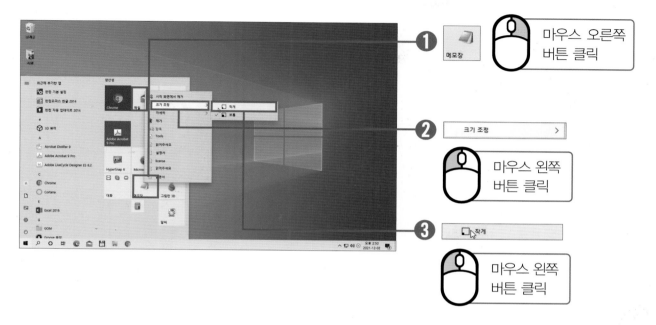

04 메모장 아이콘이 작아집니다. [메일] 아이콘을 마우스 오른쪽 버튼으로 클
릭한 후 [크기 조정]–[작게]를 클릭합니다.

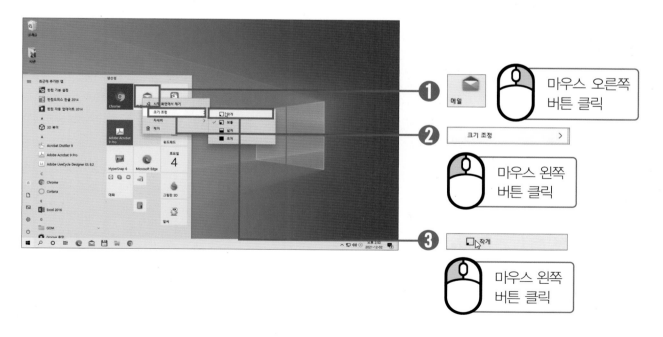

05 메일 아이콘이 작아집니다. [워드패드] 아이콘을 마우스 오른쪽 버튼으로 클릭한 후 [크기 조정]−[작게]를 클릭합니다.

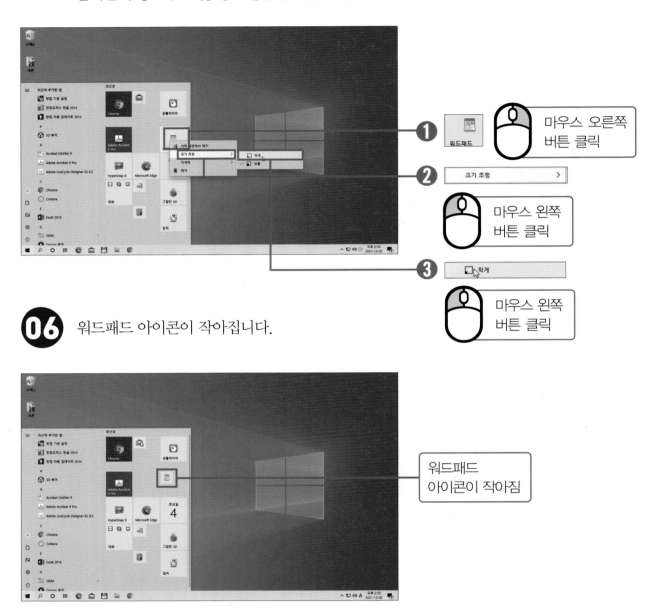

06 워드패드 아이콘이 작아집니다.

3) 아이콘 그룹으로 모으기

작아진 아이콘을 한 곳으로 모아서 그룹으로 만든 후 이름을 변경해 보겠습니다.

 [메일] 아이콘을 클릭합니다.

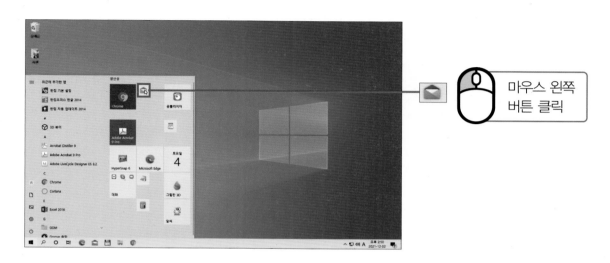

마우스 왼쪽
버튼 클릭

02 마우스 버튼을 클릭한 채 아래로 드래그하여 굵은 파란색 가로선이 보이는
아래로 이동한 후 마우스 버튼을 뗍니다.

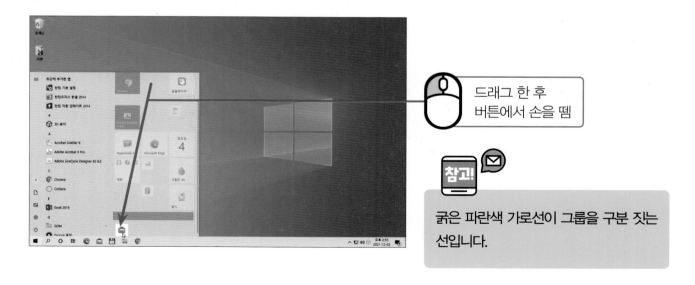

드래그 한 후
버튼에서 손을 뗌

참고!

굵은 파란색 가로선이 그룹을 구분 짓는
선입니다.

03 [계산기] 아이콘을 클릭합니다.

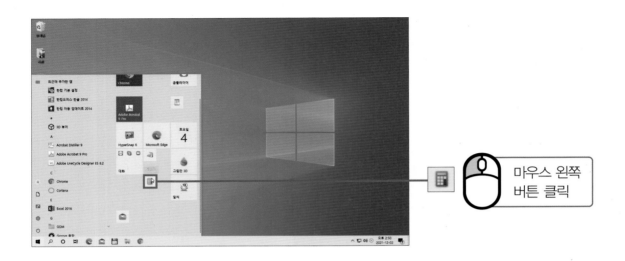

마우스 왼쪽
버튼 클릭

04 마우스 버튼을 클릭한 채 아래로 드래그하여 [메일] 아이콘 옆으로 이동한 후
마우스 버튼을 뗍니다. [메모장] 아이콘을 클릭합니다.

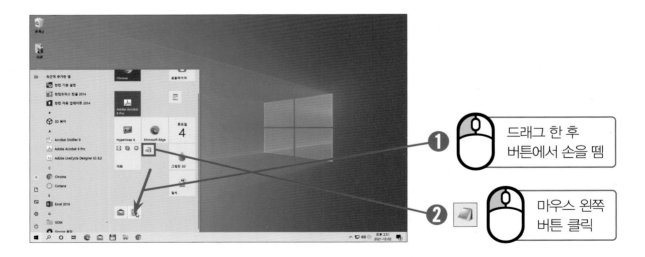

❶ 드래그 한 후
버튼에서 손을 뗌

❷ 마우스 왼쪽
버튼 클릭

05 마우스 버튼을 클릭한 채 아래로 드래그하여 [계산기] 아이콘 옆으로 이동한
후 마우스 버튼을 뗍니다. [워드패드] 아이콘을 클릭합니다.

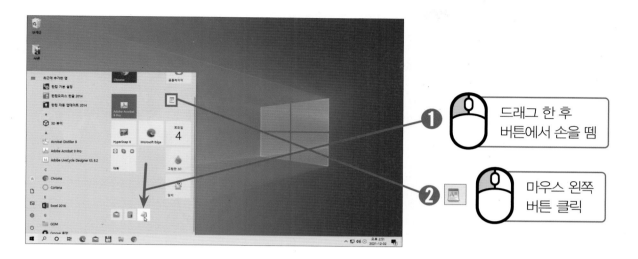

① 드래그 한 후
버튼에서 손을 뗌

② 마우스 왼쪽
버튼 클릭

06 마우스 버튼을 클릭한 채 아래로 드래그하여 [메모장] 아이콘 옆으로 이동한
후 마우스 버튼을 뗍니다.

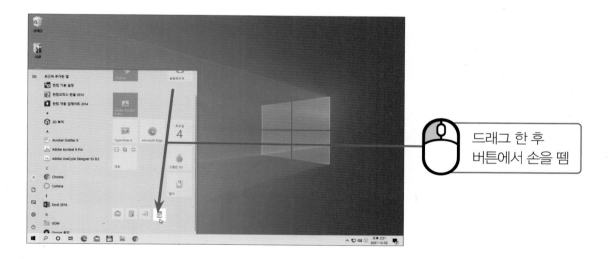

드래그 한 후
버튼에서 손을 뗌

커서를 위로 이동하고 [그룹 이름 지정]이라는 글자를 클릭합니다.

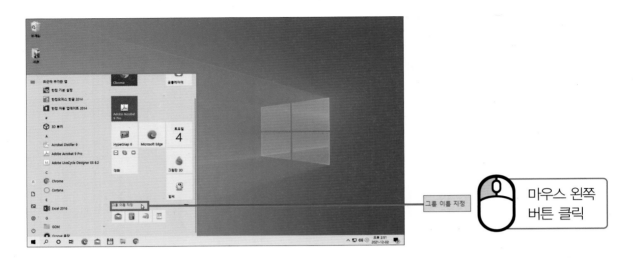

그룹 이름 지정   마우스 왼쪽
버튼 클릭

08 입력란이 생성되면 그룹의 이름(이 책에서는 '문서관련')을 입력한 후 [엔터
([Enter])] 키를 누릅니다.

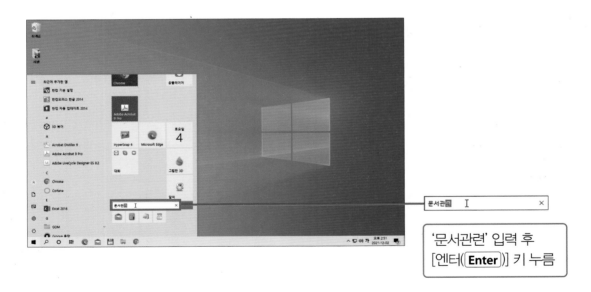

문서관련   '문서관련' 입력 후
[엔터([Enter])] 키 누름

09 그룹의 이름이 지정됩니다.

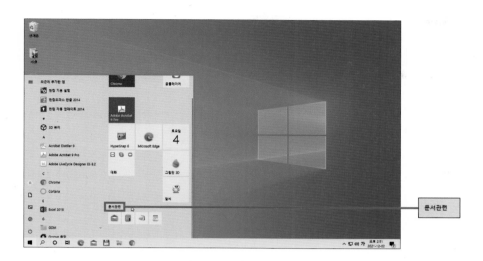

10 다른 시작화면 아이콘들도 사용자의 편의에 맞게 이동하여 정리하면 됩니다.

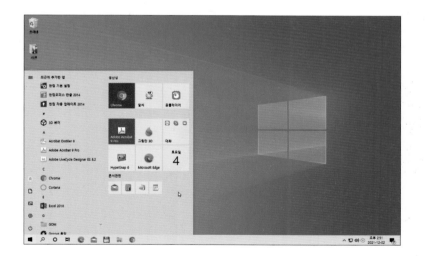

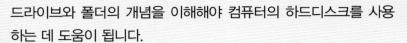

Section 07

드라이브와 폴더 이해하기

드라이브와 폴더의 개념을 이해해야 컴퓨터의 하드디스크를 사용하는 데 도움이 됩니다.

파일과 폴더가 모여서 드라이브를 이루고 있습니다. 집으로 말하자면 파일은 집에 있는 살림살이(의자, 식탁, TV, 그릇, 신발 등)로 이해하면 됩니다.

폴더는 살림살이가 들어있는 장소(안방, 화장실 등)로 이해하면 됩니다.

파일과 폴더가 모여 있는 곳을 드라이브라고 합니다.

방과 살림살이를 포함한 집이라고 생각하면 됩니다.

드라이브와 폴더를 이동하는 방법에 대해서 알아보겠습니다.

작업 표시줄의 [탐색기]를 클릭합니다.

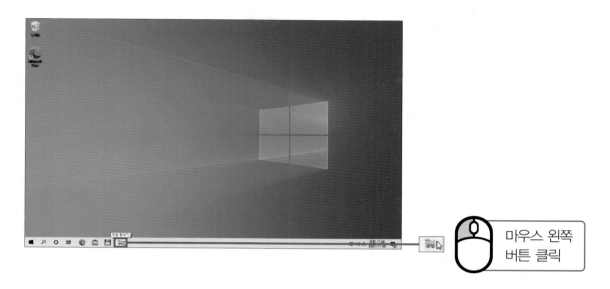

마우스 왼쪽
버튼 클릭

02 탐색기가 실행되면 화면의 왼쪽에서 하드디스크(로컬 디스크 C:)를 클릭합
니다.

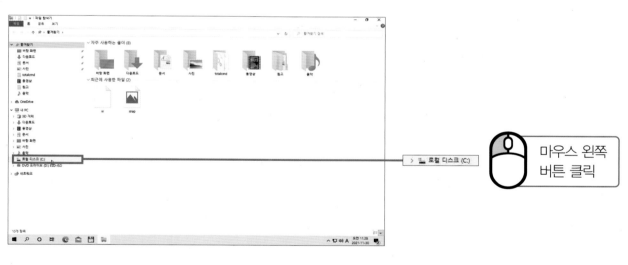

마우스 왼쪽
버튼 클릭

탐색기의 ❯ 표시는 하위 폴더나 하위 메뉴가 있다는 의미입니다.

[로컬 디스크 C:]에 있는 폴더들이 나타나면 [Windows] 폴더를 클릭합니다.

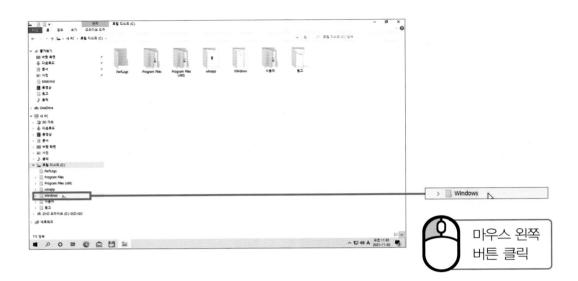

> 📁 Windows

마우스 왼쪽
버튼 클릭

 [Windows] 폴더의 내용이 나타납니다.

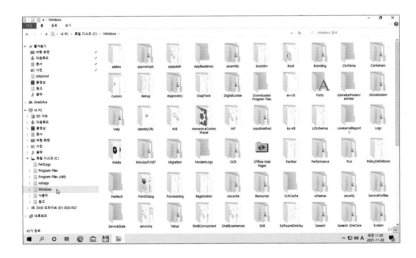

폴더를 클릭해도 왼쪽의 폴더가 변하지 않습니다. 폴더의 클릭과 더블클릭의 차이를 확인해 보면 됩니다.

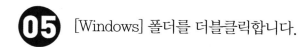 [Windows] 폴더를 더블클릭합니다.

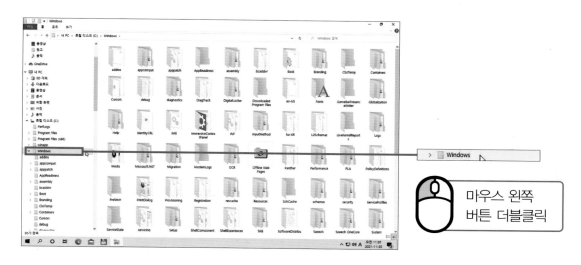

마우스 왼쪽
버튼 더블클릭

폴더를 더블클릭하면 선택한 폴더에 있는 하위 폴더가 나타납니다.

06 화면 왼쪽에 스크롤바가 나타나면 마우스 휠을 드래그하여 아래로 내려서
폴더의 내용을 봅니다.

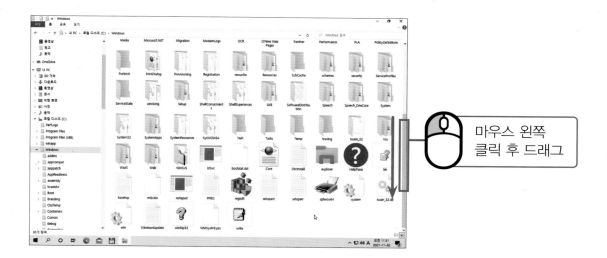

마우스 왼쪽
클릭 후 드래그

07 내용을 보려고 하는 다른 폴더를 클릭합니다.

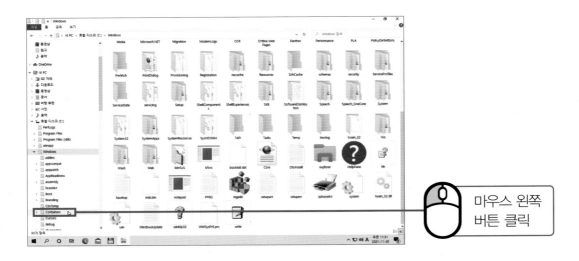

마우스 왼쪽
버튼 클릭

 참고!

사용자가 보고 싶은 폴더를 선택하면 됩니다.

08 선택한 폴더의 내용이 보입니다.

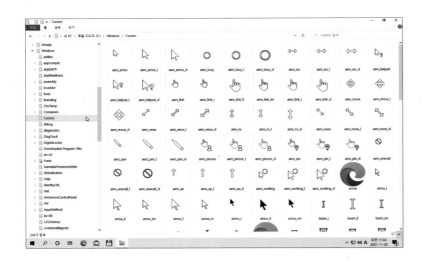

Section 08

창의 크기 조절하기

탐색기를 실행하여 창의 크기를 조절해 보겠습니다. 창의 크기 조절과 창의 이동은 여러 개의 프로그램을 실행할 경우 창의 분할에 사용할 수 있습니다.

01 작업 표시줄의 [탐색기]를 클릭하여 실행합니다. 탐색기의 모서리로 커서를 이동한 후 커서의 모양이 ↘로 변할 때 클릭합니다.

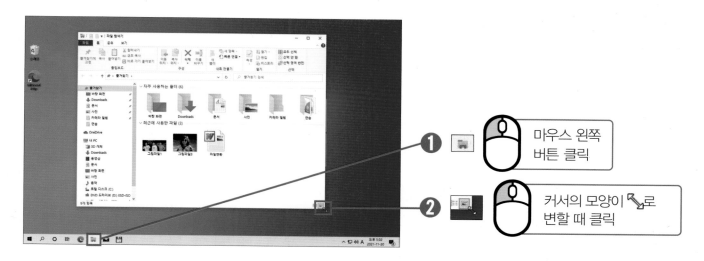

① 마우스 왼쪽 버튼 클릭

② 커서의 모양이 ↘로 변할 때 클릭

02 마우스 버튼을 클릭한 채 드래그하여 커서를 이동한 후 마우스 버튼을 땝니다.

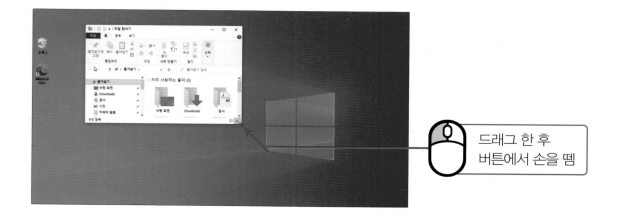

드래그 한 후 버튼에서 손을 뗌

03 탐색기 창의 오른쪽으로 커서를 이동하면서 커서의 모양이 ⟺로 변할 때
클릭합니다.

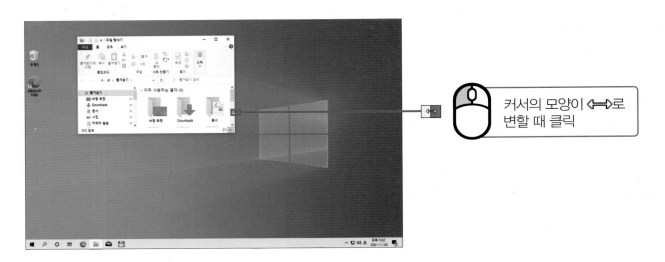

커서의 모양이 ⟺로
변할 때 클릭

04 마우스 버튼을 클릭한 채 오른쪽으로 드래그하여 창의 가로 길이를 늘린 후
버튼을 뗍니다. 아래로 창을 늘이기 위해 아래쪽으로 커서를 이동한 후 커
서의 모양이 ↕로 변할 때 마우스 버튼을 클릭합니다.

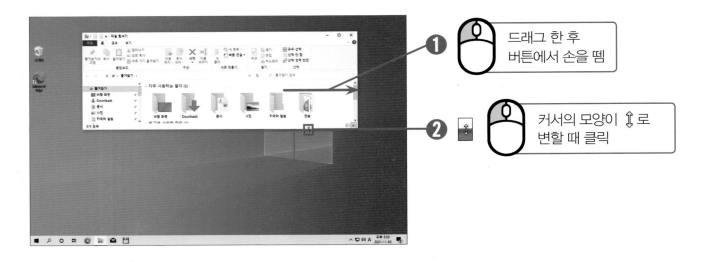

❶ 드래그 한 후
버튼에서 손을 뗌

❷ 커서의 모양이 ↕로
변할 때 클릭

05 마우스 버튼을 클릭한 채 아래로 이동하여 창의 높이를 늘입니다.

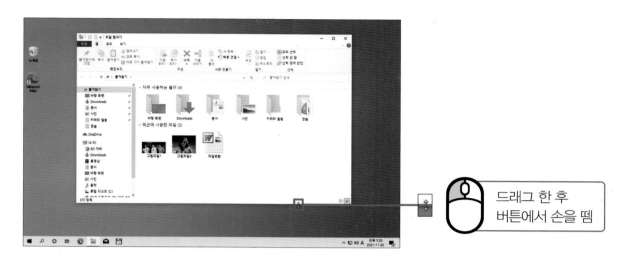

드래그 한 후
버튼에서 손을 뗌

팁! 탐색기의 창을 넓게 사용하려면

탐색기의 창을 넓게 사용하려면 [리본 접기(펼치기)] 버튼(ᄉ)을 클릭하면 리본이 접히면서 탐색기
창을 넓게 사용할 수 있습니다.

[리본 접기(펼치기)]
버튼(ᄉ)을 클릭

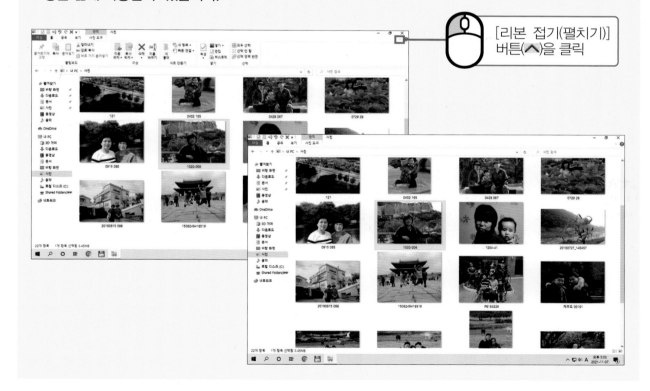

Section 09

창 이동 후 새로운 폴더 만들고 이름 바꾸기

창의 크기를 최대화시켜 보고 위치를 이동한 후 폴더를 만들어 폴더에 이름을 설정하는 방법에 대해서 알아보겠습니다.

1) 창 이동하고 크기 조절하기

창을 특정한 위치로 이동한 후 크기를 바꾸어 보겠습니다.

01 [탐색기]의 제목 표시줄을 클릭합니다.

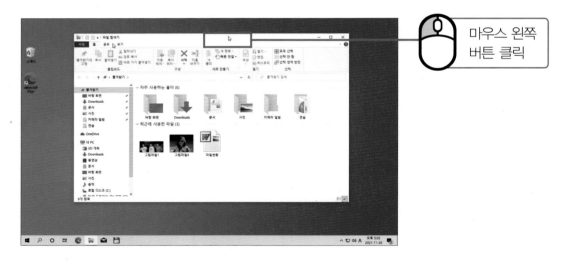

마우스 왼쪽 버튼 클릭

02 마우스 버튼을 클릭한 채 바탕화면의 다른 곳으로 이동한 후 마우스 버튼을 뗍니다.

드래그 한 후 버튼에서 손을 뗌

03 창을 최대한 크게 하기 위해 [최대화]를 클릭합니다.

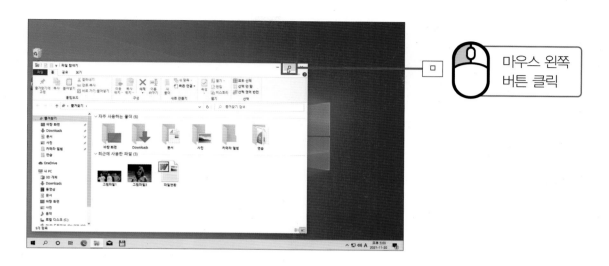

마우스 왼쪽
버튼 클릭

04 창의 크기가 윈도우 화면에 최대 크기로 변합니다. 창의 크기를 줄이기 위해 [이전 크기로 복원]을 클릭합니다.

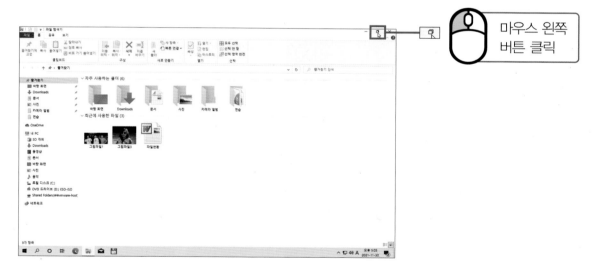

마우스 왼쪽
버튼 클릭

05 창의 크기가 이전의 크기로 바뀝니다. 창을 작업 표시줄로 감추기 위해 [최소화] 버튼을 클릭합니다.

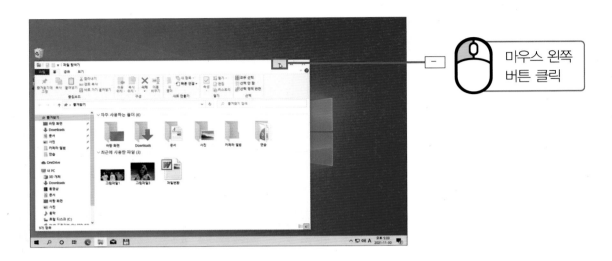

마우스 왼쪽
버튼 클릭

06 창이 작업 표시줄로 감춰집니다. 작업 표시줄의 아이콘을 클릭합니다.

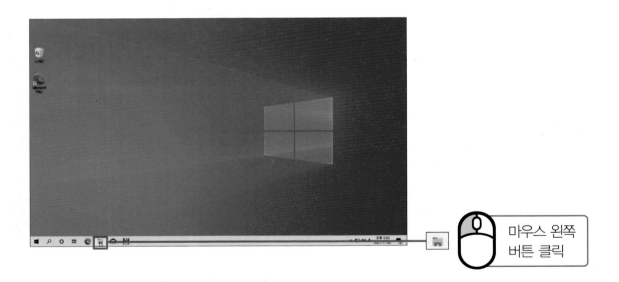

마우스 왼쪽
버튼 클릭

2) 폴더 안에 새로운 폴더 만들기

특정 폴더 안에 새로운 폴더를 만들어 보겠습니다.

01 다시 창이 전의 크기로 보여지면 [하드디스크]를 더블클릭합니다.

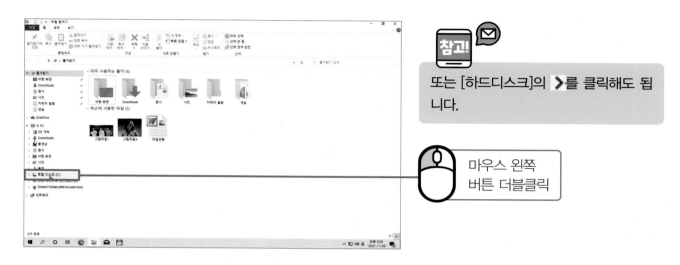

또는 [하드디스크]의 **＞**를 클릭해도 됩니다.

마우스 왼쪽
버튼 더블클릭

02 폴더를 만들고 싶은 폴더를 더블클릭합니다.

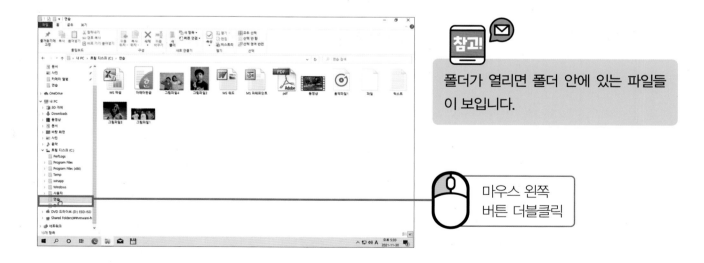

폴더가 열리면 폴더 안에 있는 파일들이 보입니다.

마우스 왼쪽
버튼 더블클릭

03 빈 공간을 마우스 오른쪽 버튼으로 클릭한 후 [새로 만들기]-[폴더]를 클릭합니다.

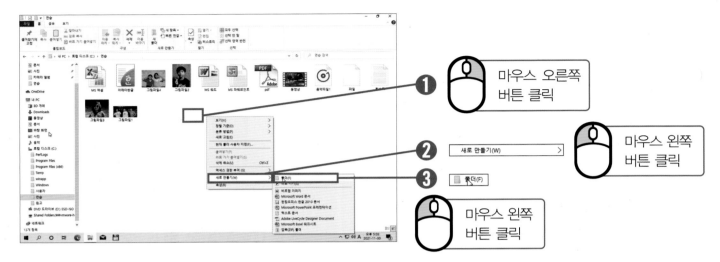

04 새로운 폴더가 만들어집니다. [새 폴더]라는 이름이 생기는데 블록으로 설정된 상태로 그대로 둡니다.

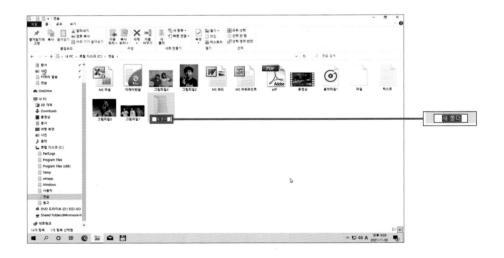

폴더의 이름이 블록으로 설정되지 않았다면 마우스로 폴더의 이름을 클릭하여 블록으로 설정합니다.

3) 폴더 이름 변경하기

만들어진 폴더의 이름을 변경해 보겠습니다.

01 폴더의 이름(이 책에서는 '문서')을 입력한 후 [엔터([Enter])] 키를 누릅니다.

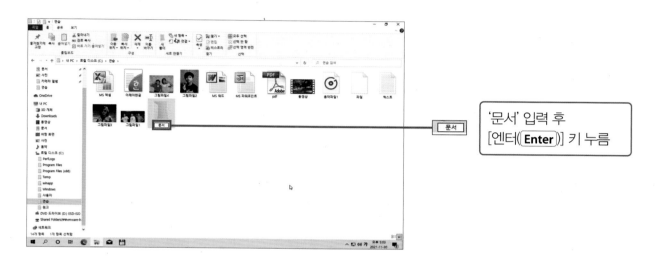

'문서' 입력 후
[엔터([Enter])] 키 누름

02 폴더의 이름이 변경됩니다.

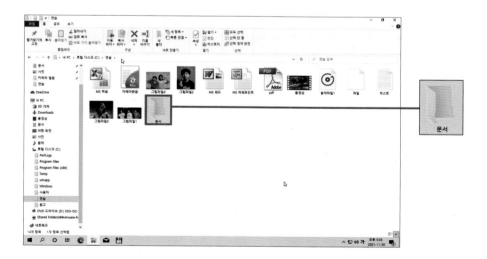

문서

Section 10

아이콘 크기 조절하기

아이콘의 크기를 사용자가 보기 편한 상태로 하면 컴퓨터를 사용하는 데 도움이 됩니다. 아이콘 보기의 상태에 따라서 파일의 속성(성격)과 정보를 알 수 있습니다. 아이콘의 크기를 보기에 편하도록 조절해 보겠습니다.

01 컴퓨터에서 다양한 종류의 아이콘이 있는 폴더를 더블클릭합니다.

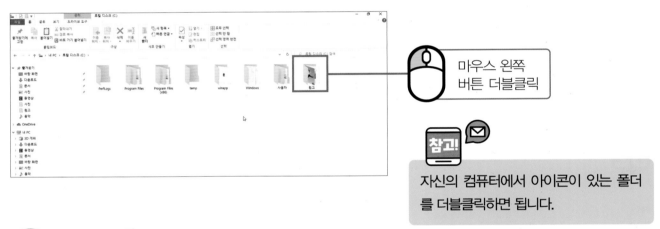

마우스 왼쪽 버튼 더블클릭

참고!

자신의 컴퓨터에서 아이콘이 있는 폴더를 더블클릭하면 됩니다.

02 폴더의 여백에서 마우스 오른쪽 버튼을 클릭한 후 [보기]-[아주 큰 아이콘]을 클릭합니다.

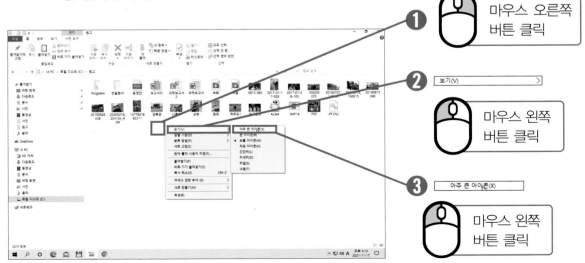

❶ 마우스 오른쪽 버튼 클릭

❷ 보기(V)

마우스 왼쪽 버튼 클릭

❸ 아주 큰 아이콘(X)

마우스 왼쪽 버튼 클릭

03 아이콘이 가장 큰 형태로 보여집니다.

프로그램 버전

사용자의 컴퓨터에 설치되어 있는 프로그램의 버전은 프로그램이 개발된 순서에 따라서 아이콘의 모양이 다릅니다.
아이콘의 모양이 달라도 파일을 생성하고 불러들일 수 있습니다.

다양한 종류의 프로그램 버전 아이콘

아래 한글	MS 워드	MS 엑셀

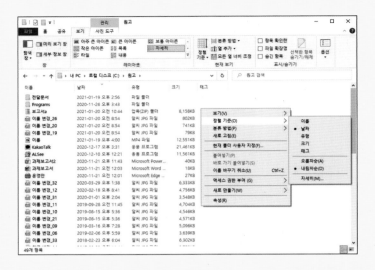

탐색기 창의 [자세히] 상태에서 마우스 오른쪽 버튼을 클릭한 후 [정렬 기준]을 클릭하면 이름/ 날짜/ 유형/ 크기/ 태그를 선택할 수 있습니다.

- **이름** : ㄱ, ㄴ, ㄷ...a, b, c순으로 정렬합니다.
- **날짜** : 파일이 생성된 날짜나 수정된 날짜 순으로 정렬합니다.
- **유형** : 파일의 유형(응용 프로그램, 그림 파일 등)으로 구분해서 정렬합니다.
- **크기** : 파일의 용량이 큰 순, 작은 순으로 정렬합니다.
- **태그** : 파일에 태그가 달려 있다면 태그가 있는 순으로 정렬합니다.

이름, 날짜, 유형, 크기 등을 클릭하면 오름차순, 내림차순으로 정렬해서 볼 수 있습니다.

아이콘은 프로그램이나 파일의 종류, 파일을 실행하는 프로그램의 버전에 따라서 그림이 다르게 표현됩니다. 일반적인 프로그램의 파일은 더블클릭을 하면 파일을 프로그램으로 불러들일 수 있습니다.

가장 많이 사용하는 파일들의 아이콘은 다음과 같습니다. 동영상과 그림(사진) 파일은 미리보기로 내용이 보이는 경우도 있습니다.

아이콘 이미지를 보면 어떤 프로그램에서 생성된 파일인지 어떤 프로그램에서 불러들일 수 있는지 알 수 있습니다.

아이콘 형식					
파일 종류	PDF 파일	압축 파일	음악 파일	동영상 파일	MS 파워포인트 파일
확장자	pdf	zip, rar, 7zip 등	mp3, mp4, wav 등	mp4, mkv, avi 등	ppt

아이콘 형식					
파일 종류	MS 엑셀 파일	MS 워드 파일	그림 파일	텍스트 문서 파일	아래 한글 파일
확장자	xls	doc	jpg, png, bmp 등	txt	hwp

파일의 확장자는 파일의 이름 뒤에 붙는 것으로 어떤 형식의 프로그램에서 생성된 파일인지 어떤 프로그램에서 불러들일 수 있는지 알 수 있습니다.

가나다.hwp	홍길동.mkv/ 홍길동.avi	기념사진.zip
'가나다'라는 이름을 가진 아래 한글 파일	'홍길동'이라는 이름을 가진 동영상 파일	'기념사진'이라는 이름을 가진 압축 파일

작업 표시줄의 빠른 실행으로 아이콘 보내기

Section 11

자주 사용하는 프로그램을 [작업 표시줄]에 있는 [빠른 실행]으로 아이콘을 만들어 보내면 [시작 버튼]을 클릭하지 않고도 빠르게 실행할 수 있습니다.

1) 빠른 실행으로 아이콘 보내기

프로그램 목록에 있는 [계산기]를 [작업 표시줄]의 [빠른 실행]으로 보내 보겠습니다.

01 [시작(■)] 버튼을 클릭한 후 프로그램 목록이 나타나면 마우스 휠을 굴려 커서를 아래쪽(계산기가 있는)으로 이동합니다.

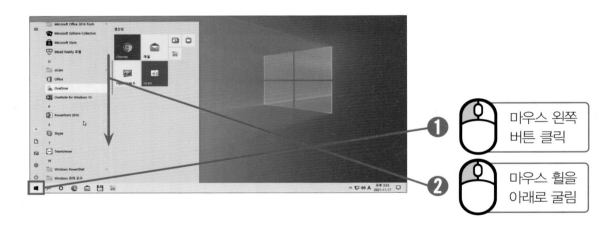

❶ 마우스 왼쪽 버튼 클릭

❷ 마우스 휠을 아래로 굴림

02 [계산기] 아이콘 위에서 마우스 오른쪽 버튼을 클릭한 후 [자세히]-[작업 표시줄에 고정]을 클릭합니다.

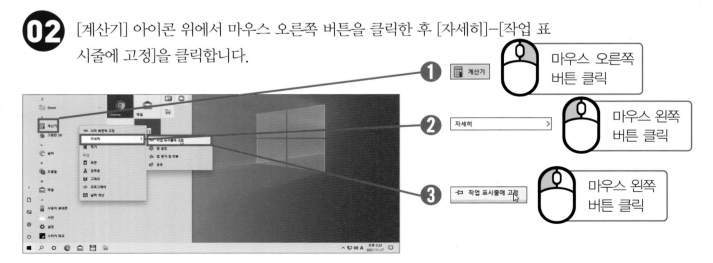

❶ 마우스 오른쪽 버튼 클릭

❷ 마우스 왼쪽 버튼 클릭

❸ 마우스 왼쪽 버튼 클릭

03 작업 표시줄의 [빠른 실행]에 [계산기] 아이콘이 생성됩니다. [계산기] 아이콘
을 클릭합니다.

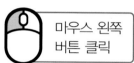

마우스 왼쪽
버튼 클릭

04 [계산기]가 실행됩니다.

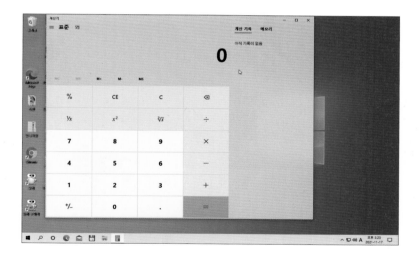

바탕화면에 있는 프로그램 아이콘은 더블클릭해야 하지만 [빠른 실행]에 있는 아이콘은
클릭만으로도 실행됩니다.

2) 빠른 실행에서 아이콘 제거하기

작업 표시줄의 [빠른 실행]에 있는 [계산기] 아이콘을 제거해 보겠습니다.

01 작업 표시줄의 [빠른 실행]에 있는 [계산기] 아이콘에서 마우스 오른쪽 버튼을 클릭하여 [작업 표시줄에서 제거]를 클릭합니다.

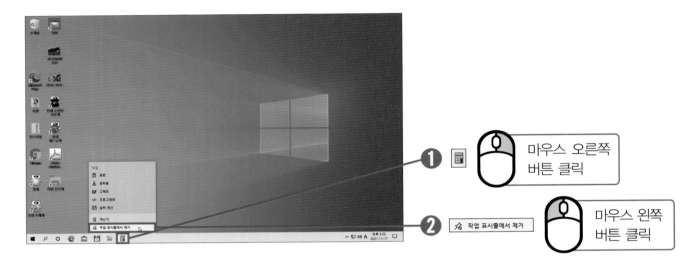

02 작업 표시줄의 [빠른 실행]에 있는 [계산기] 아이콘이 삭제됩니다.

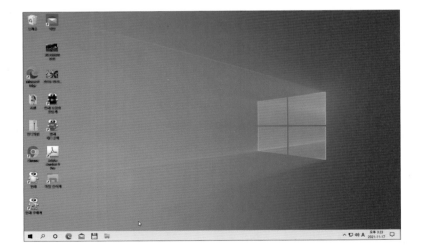

작업 표시줄에서 문서 빨리 열기

작업 표시줄에 있는 프로그램 아이콘에서 해당 프로그램에서 사용했던 파일을 한 번에 바로 실행할 수 있습니다. 자주 사용하는 파일(문서, 그림, 음악 등)은 고정시켜 놓아 한 번에 실행할 수도 있습니다.

1) 문서 빨리 열기

문서 목록에서 이전에 불러들였던 문서를 빠르게 실행해 보겠습니다.

01 작업 표시줄에 있는 프로그램 목록으로 커서를 가져간 후 마우스 오른쪽 버튼을 클릭합니다. 이전에 열었던 파일 목록이 나타나는데 불러들일 파일(여기서는 그림파일)을 클릭합니다.

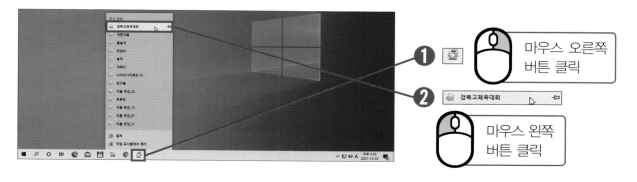

02 선택한 파일이 불러들여집니다.

2) 목록에 고정하기

자주 사용하는 파일은 목록에 고정해 두면 항상 위에 있어서 빠르게 불러들일 수 있습니다.

01 작업 표시줄에 있는 프로그램 목록으로 커서를 가져간 후 마우스 오른쪽 버튼을 클릭합니다. 목록에 고정하고 싶은 파일의 이름 위에서 마우스 오른쪽 버튼을 클릭한 후 [이 목록에 고정]을 클릭합니다.

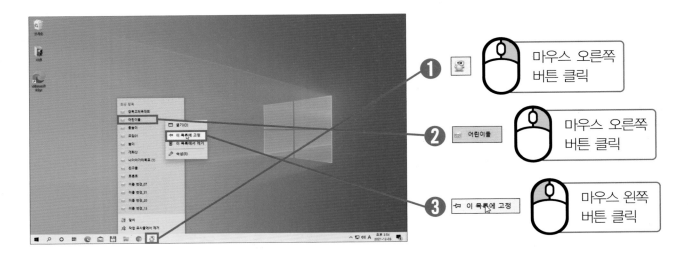

1 마우스 오른쪽 버튼 클릭

2 어린이폴 마우스 오른쪽 버튼 클릭

3 이 목록에 고정 마우스 왼쪽 버튼 클릭

02 목록의 상단에 [고정됨]이라는 항목 아래에 선택한 파일의 이름이 생성됩니다.

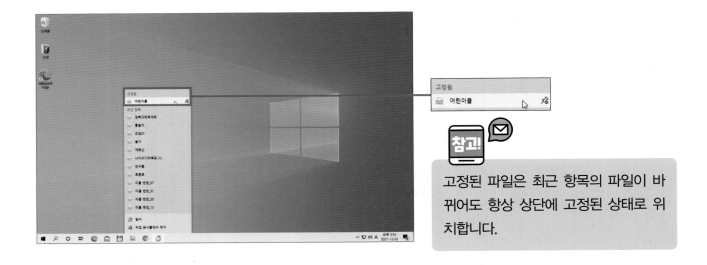

고정됨
어린이폴

참고! 고정된 파일은 최근 항목의 파일이 바뀌어도 항상 상단에 고정된 상태로 위치합니다.

3) 문서 목록에서 제거하기

문서 목록에서 특정한 문서를 제거해 보겠습니다. 목록에서만 제거되고 실제 파일은
삭제되지 않습니다.

 작업 표시줄에 있는 프로그램 목록으로 커서를 가져간 후 마우스 오른쪽 버
튼을 클릭합니다. 목록에서 제거할 파일을 마우스 오른쪽 버튼으로 클릭한
후 [이 목록에서 제거]를 클릭합니다.

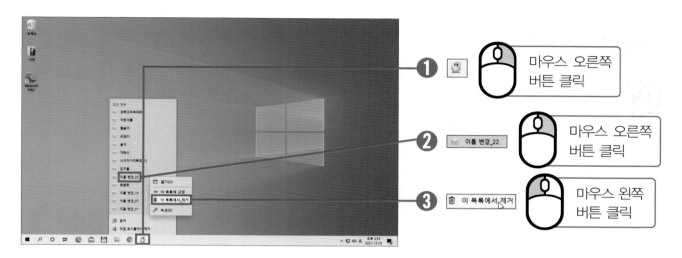

① 마우스 오른쪽 버튼 클릭

② 이름 변경_22 — 마우스 오른쪽 버튼 클릭

③ 이 목록에서 제거 — 마우스 왼쪽 버튼 클릭

02 선택한 파일이 목록에서 제거됩니다.

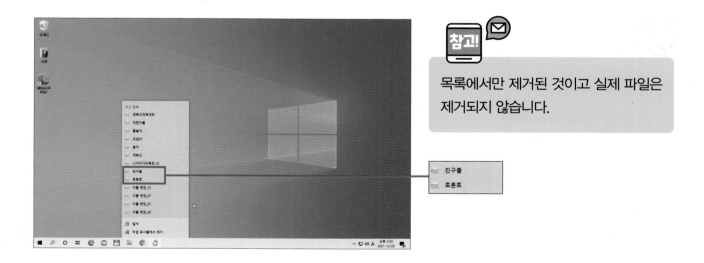

참고!
목록에서만 제거된 것이고 실제 파일은
제거되지 않습니다.

친구들
토론토

Section 13

작업 표시줄 감추고 위치 이동하기

작업 표시줄을 사용자의 편의에 따라 설정하는 방법
에 대해 알아보겠습니다.

1) 작업 표시줄 감추기

01 작업 표시줄에서 마우스 오른쪽 버튼을 클릭한 후 [작업 표시줄 설정]을 클릭합니다.

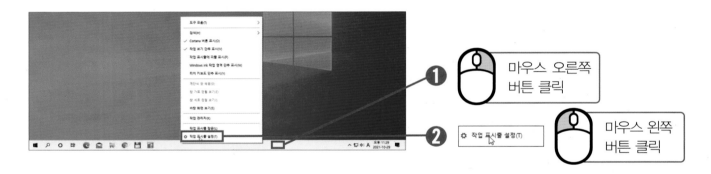

02 [데스크톱 모드에서 작업 표시줄 자동 숨기기]를 클릭합니다.

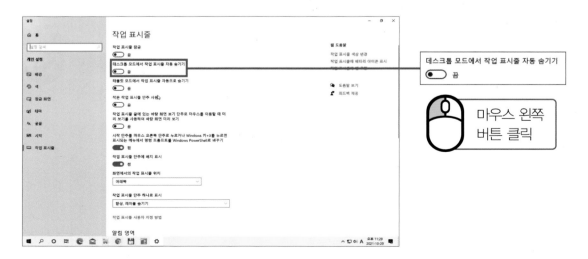

03 [데스크톱 모드에서 작업 표시줄 자동 숨기기]가 활성화됩니다.

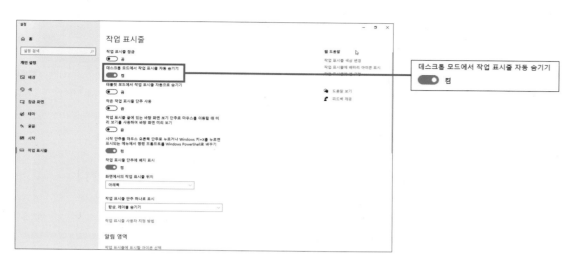

 로 표시된 명령은 꺼진(비활성화) 상태입니다.

04 작업 표시줄이 자동으로 사라집니다.

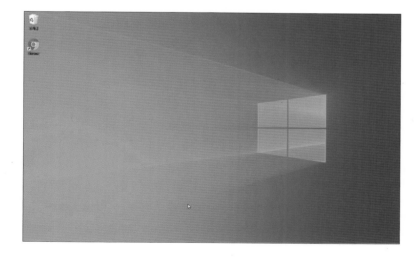

2) 작업 표시줄 위치 변경하기

작업 표시줄의 위치를 바탕화면의 상하좌우 중 한 곳으로 이동해 보겠습니다. 기본 값은 화면의 아래쪽으로 되어 있지만 자신이 사용하기 편한 곳으로 이동해서 사용하면 됩니다.

 작업 표시줄을 클릭합니다.

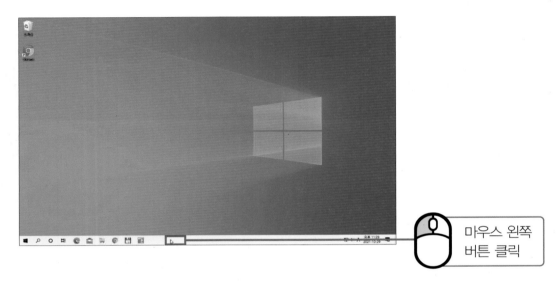

마우스 왼쪽 버튼 클릭

02 클릭한 상태에서 커서를 화면의 왼쪽으로 이동한 후 마우스 버튼에서 손을 뗍니다. 작업 표시줄이 왼쪽으로 이동합니다.

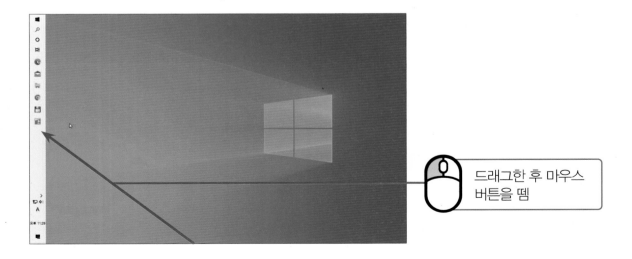

드래그한 후 마우스 버튼을 뗌

제 02장

바탕화면 설정하기

바탕화면은 사용자가 가장 많이 마주하는 곳입니다. 바탕화면의 이미지나 모양은
사용자가 원하는 모양으로 바꿀 수도 있어 바탕화면을 이용하는 작업 방법에
따라 윈도우10을 더 편하게 사용할 수도 있습니다.

Section 01

바탕화면 바로가기 (단축 아이콘) 만들기

프로그램 목록에 있는 프로그램을 바탕화면의 단축 아이콘으로 만들면 프로그램 목록을 거치지 않고도 바탕화면에서 바로 프로그램을 실행할 수 있습니다.
또는 프로그램을 이용하여 생성한 파일도 단축 아이콘을 만들면 더블클릭만으로 해당 파일을 프로그램에서 불러들일 수 있습니다.

실행 파일 아이콘과 단축 아이콘

단축 아이콘은 실행 파일(응용 프로그램)과 연결되는 이미지를 만들어 놓은 것입니다.
실행 파일(응용 프로그램) 아이콘에 🔁 표시가 있다면 단축 아이콘입니다.

프로그램(파일) 실행 아이콘	프로그램(파일) 단축 아이콘
TALK KakaoTalk	TALK KakaoTalk - 바로 가기

단축 아이콘과 응용 프로그램 아이콘의 차이는 🔁 표시가 있느냐 없느냐와 탐색기의 [보기]에서 [자세히]를 선택하면 [크기]의 차이가 다른 것을 알 수 있습니다.
단축 아이콘은 실행 파일과 같은 기능이 있지만 파일의 크기는 1KB 정도입니다. 또 단축 아이콘은 여러 개를 만들어서 사용할 수 있으며 삭제해도 실행 파일에는 영향을 미치지 않습니다.

KakaoTalk	21,461KB	2021-11-20 오후 12:26	응용 프로그램
KakaoTalk - 바로 가기	1KB	2021-11-20 오후 12:26	바로 가기

1) 바탕화면에 단축 아이콘 만들기

바탕화면에 [계산기]의 단축 아이콘을 만들어 보겠습니다.

01 [시작] 버튼을 클릭한 후 프로그램 목록이 나타나면 마우스 휠을 굴려 커서를 아래쪽(계산기가 있는)으로 이동한 후 [계산기] 아이콘을 클릭합니다.

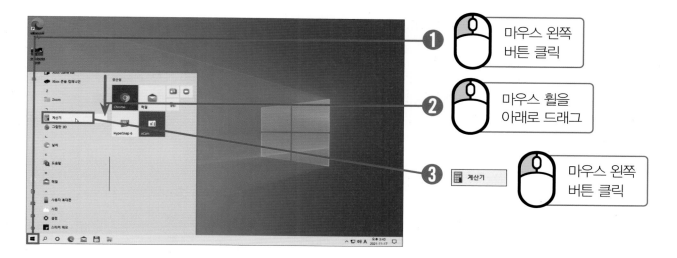

❶ 마우스 왼쪽 버튼 클릭

❷ 마우스 휠을 아래로 드래그

❸ 마우스 왼쪽 버튼 클릭

02 마우스 버튼을 클릭한 채 드래그하여 단축 아이콘을 놓을 곳으로 이동합니다.

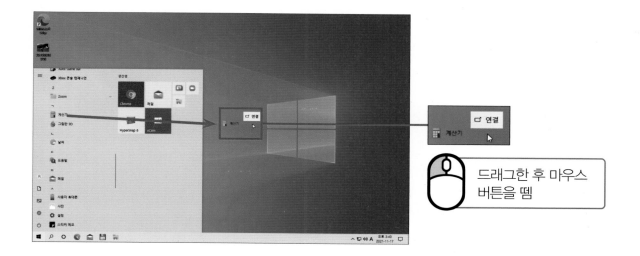

드래그한 후 마우스 버튼을 뗌

마우스 버튼을 떼면 바탕화면에 단축 아이콘이 생성됩니다.

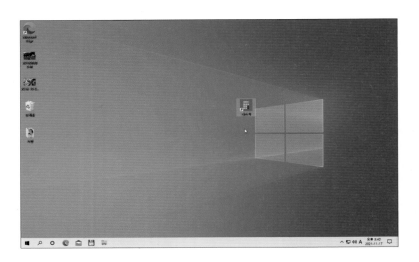

2) 단축 아이콘 삭제하기

단축 아이콘을 삭제해 보겠습니다. 단축 아이콘은 삭제해도 실제 실행 프로그램(파일)에 영향이 없으며, 삭제한 후 다시 만들 수 있습니다.

 삭제할 단축 아이콘을 클릭한 후 [딜리트(Delete)] 키를 누릅니다.

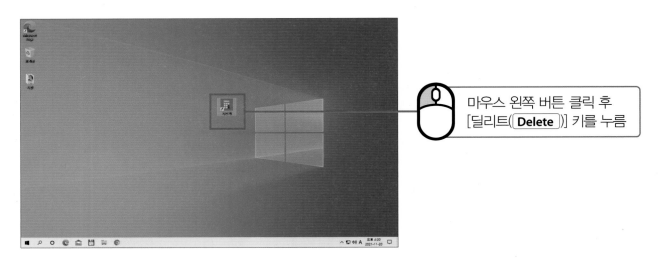

마우스 왼쪽 버튼 클릭 후
[딜리트(Delete)] 키를 누름

바탕화면에 있던 단축 아이콘이 삭제되어 휴지통으로 들어갑니다.

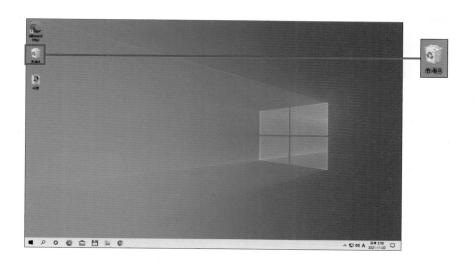

팁! 아이콘 그림 변경하기

일반적인 프로그램의 아이콘 모양은 사용자가 변경할 수 있습니다.

01 단축 아이콘을 마우스 오른쪽 버튼으로 클릭하여 **02** [속성]을 클릭합니다.

03 [아이콘 변경]을 클릭한 후 **04** 변경할 아이콘을 클릭하고 **05** [확인]을 클릭합니다.

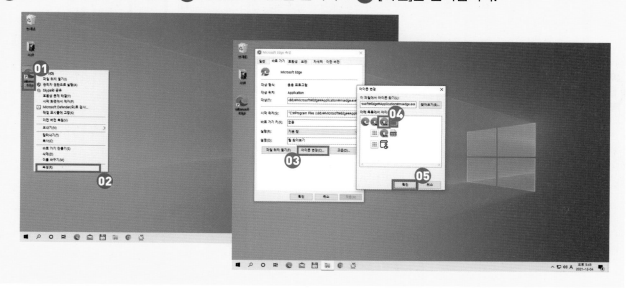

Section 02

바탕화면에 있는 창 한 번에 숨기기

화면에 여러 개의 프로그램 창을 실행한 상태에서 모든 창을 한 번에 작업 표시줄로 감추는 방법에 대해 알아보겠습니다. 프로그램 창을 닫아 종료하는 것이 아니고 작업 표시줄에 잠시 감추어 두는 것입니다.

01 화면 오른쪽 끝에 있는 [바탕화면 보기] 단추를 클릭합니다.

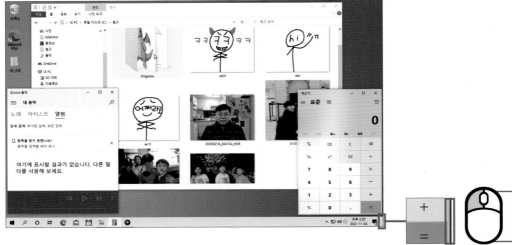

마우스 왼쪽
버튼 클릭

02 바탕화면에 있던 창들이 작업 표시줄로 감춰집니다.

03 작업 표시줄로 커서를 가져가 클릭합니다.

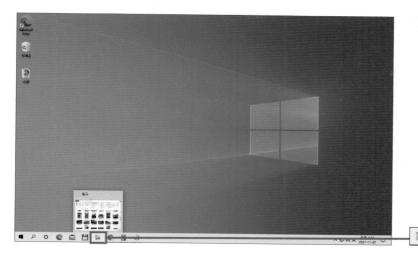

마우스 왼쪽
버튼 클릭

커서를 숨겨진 작업 표시줄 위에 가져다 대면 작은 미리보기 창이 나타납니다.

 04 숨겨졌던 프로그램 창이 다시 열립니다.

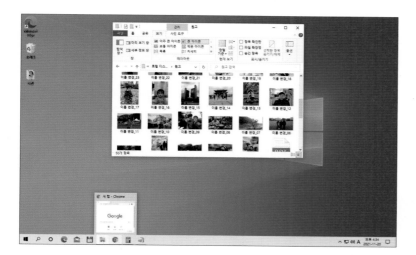

다른 프로그램 창도 해당 아이콘을 클릭하면 바탕화면으로 창이 다시 열립니다.

Section 03

바탕화면 한 번에 정리하기(에어로 셰이크)

바탕화면에 여러 개의 프로그램 창 중에서 한 개의 창만 남기고 나머지를 숨기려면 다른 창의 최소화 버튼(－)을 눌러야 합니다. 간단하게 한 개의 창만 남기고 다른 창은 숨기는 방법에 대해서 알아보겠습니다.

01 사진 창의 제목 표시줄을 클릭합니다.

마우스 왼쪽
버튼 클릭

02 제목 표시줄을 클릭한 채로 흔들어 줍니다.

마우스 왼쪽 버튼
클릭 후 좌우로 흔듦

03 마우스 커서가 있는 창만 남기고 나머지 창들은 작업 표시줄로 감춰집니다.

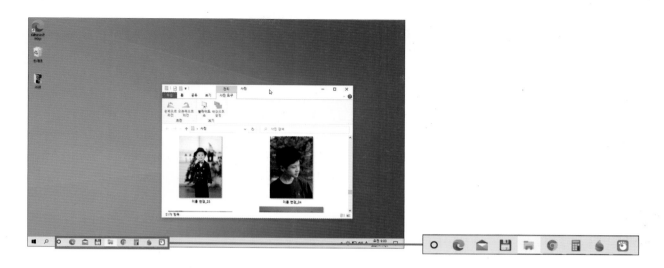

04 작업 표시줄로 커서를 가져가면 숨겨져 있던 프로그램 창들이 보입니다. 아
이콘을 클릭하면 다시 바탕화면으로 나타납니다.

마우스 왼쪽
버튼 클릭

여러 개의 작업창 보기(에어로 스냅)

윈도우10 작업 중 여러 개의 창을 한 번에 놓고 작업을 해야 할 경우가 있습니다. 여기서는 5개의 창 중에서 4개의 창을 보는 방법에 대해서 알아보겠습니다. 윈도우 단축키와 함께 사용합니다.

01 사진 창의 제목 표시줄을 클릭합니다.

마우스 왼쪽 버튼 클릭

02 제목을 클릭한 채 드래그하여 바탕화면의 왼쪽으로 드래그하면 창의 모양이 바뀌는데 이때 마우스 버튼을 뗍니다.

드래그한 후 마우스 버튼을 뗌

참고!

제목을 드래그하여 바탕화면의 왼쪽이나 오른쪽 끝 어느 쪽이든 이동해도 됩니다.

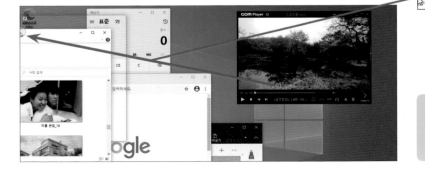

03 창이 바탕화면의 1/2 크기로 보입니다. 나머지 1/2에는 다른 프로그램 창이 나타납니다. 바탕화면에 보이게 할 프로그램(이 책에서는 그림판)의 제목 표시줄을 클릭합니다.

마우스 왼쪽
버튼 클릭

04 그림판이 나머지 1/2의 화면에 나타납니다. 키보드에서 [윈도우 키(⊞)]를 누른 채 방향키에서 ↑를 누릅니다.

[윈도우키 ⊞]를 누른 채
방향키 ↑를 누름

05 선택한 프로그램 창이 화면의 1/4크기로 변합니다. 나머지 1/4의 창에 보일
프로그램의 제목 표시줄을 클릭합니다.

마우스 왼쪽
버튼 클릭

06 선택한 프로그램 창이 나머지 1/4의 창에 보입니다. 커서를 이동하여 왼쪽에
있는 프로그램 창의 제목 표시줄을 클릭한 후 키보드에서 [윈도우 키(⊞)]
를 누른 채 방향키에서 ↑를 누릅니다.

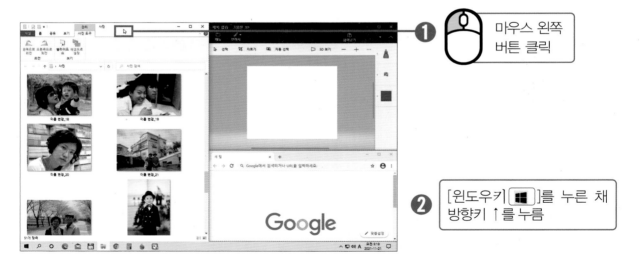

❶ 마우스 왼쪽
버튼 클릭

❷ [윈도우키 ⊞]를 누른 채
방향키 ↑를 누름

선택한 프로그램 창이 1/4 크기로 줄어들면서 아래쪽에 다른 프로그램의 창
이 나타납니다. 제목 표시줄을 클릭합니다.

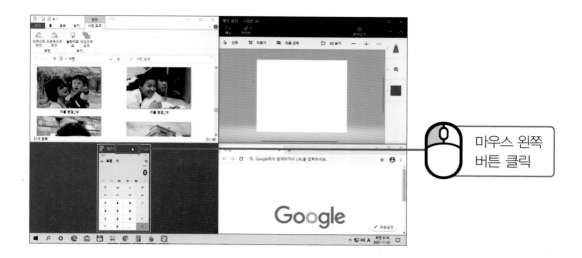

마우스 왼쪽
버튼 클릭

08 선택한 프로그램 창이 좌측 하단에 나타납니다.

바탕화면 이미지 바꾸기

윈도우10의 바탕화면의 그림(사진)을 사용자가 원하는 그림(사진)으로 변경할 수 있습니다. 스마트폰으로 찍은 사진이나 인터넷에서 다운로드받은 사진도 바탕화면으로 사용할 수 있습니다. 여기서는 컴퓨터에 있는 다른 사진을 바탕화면으로 변경해 보겠습니다.

01 바탕화면에서 마우스 오른쪽 버튼을 클릭한 후 [개인 설정]을 클릭합니다.

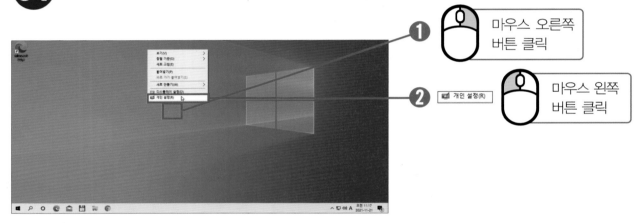

02 배경화면으로 사용할 사진을 컴퓨터에서 찾기 위해 [찾아보기]를 클릭합니다.

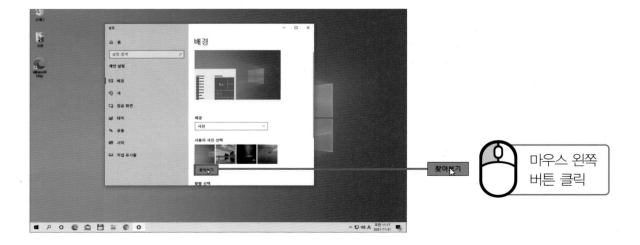

03 사진이 있는 폴더를 클릭한 후 배경으로 사용할 사진을 클릭하고 [사진 선택]을 클릭합니다.

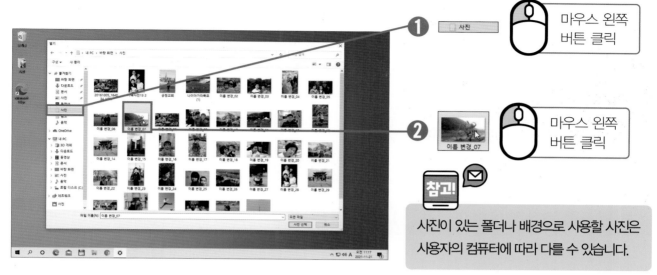

① 마우스 왼쪽 버튼 클릭

② 마우스 왼쪽 버튼 클릭

참고! 사진이 있는 폴더나 배경으로 사용할 사진은 사용자의 컴퓨터에 따라 다를 수 있습니다.

04 배경화면이 변경되면 [닫기(×)]를 클릭합니다.

마우스 왼쪽 버튼 클릭

05 바탕화면의 그림이 변경됩니다.

팁! 예전에 사용한 배경사진 다시 한 번 설정하기

예전에 한 번 배경화면으로 사용했거나 윈도우10에 기본으로 있는 사진을 배경으로 사용하려면 [설정] 창의 [사용자 사진 선택]에서 사용할 사진을 클릭하면 됩니다.

Section 06

윈도우 테마 바꾸기

밋밋한 분위기의 재미없는 윈도우의 기본 테마는 사용자의 필요에 따라 다채롭게 변경할 수 있습니다. 계절별로 기분에 따라 테마를 바꾸어 보는 것도 윈도우10을 사용하는 데 도움이 될 수 있습니다.
윈도우 테마는 윈도우 정품 사용자만 다운로드받을 수 있습니다.

01 바탕화면에서 마우스 오른쪽 버튼을 클릭한 후 [개인 설정]을 클릭합니다.

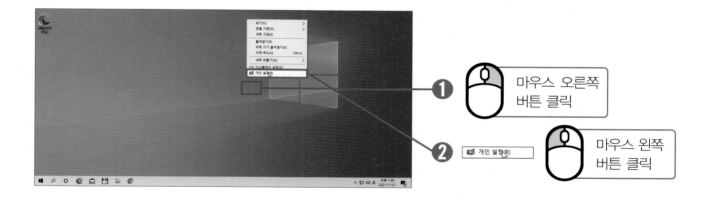

02 [테마]를 클릭하여 [Microsoft Windows Store에서 더 많은 테마 보기]를 클릭합니다.

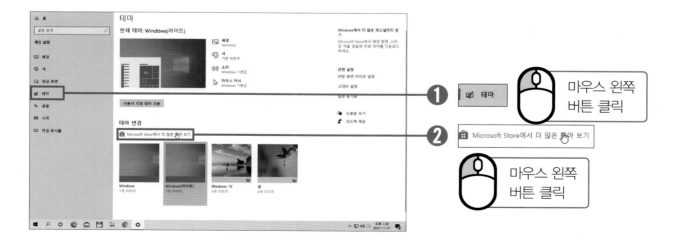

03 [Windows 테마]에서 화면을 아래로 이동합니다.

마우스 왼쪽
클릭 후 드래그

04 설치할 테마를 클릭합니다.

마우스 왼쪽
버튼 클릭

05 [설치]를 클릭합니다.

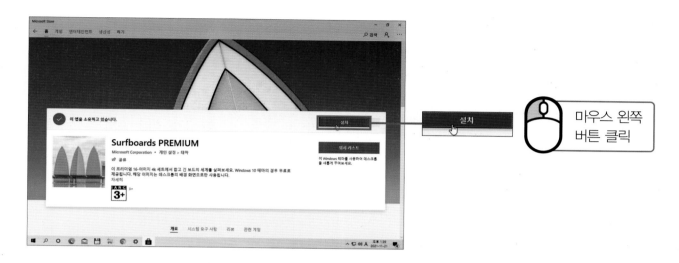

마우스 왼쪽
버튼 클릭

06 다운로드가 완료되면 [적용]을 클릭합니다.

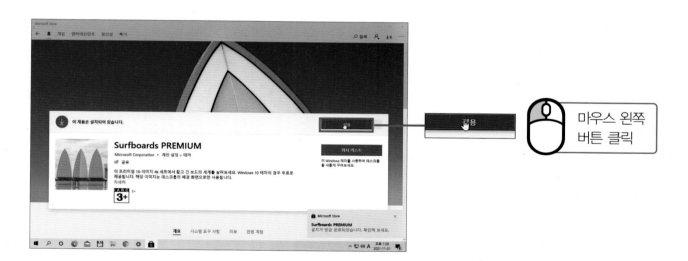

마우스 왼쪽
버튼 클릭

07 [테마] 화면에서 적용할 테마를 클릭한 후 [닫기(×)]를 클릭합니다.

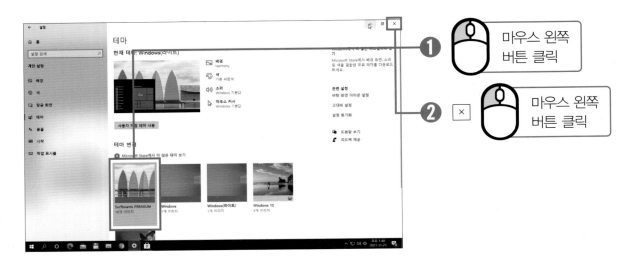

❶ 마우스 왼쪽 버튼 클릭

❷ ☒ 마우스 왼쪽 버튼 클릭

08 [닫기(×)]를 클릭합니다.

마우스 왼쪽 버튼 클릭

09 배경의 그림과 작업 표시줄의 색이 바뀌었습니다. [시작(⊞)] 버튼을 클릭해 보면 프로그램 목록의 색도 바뀌었음을 알 수 있습니다.

마우스 왼쪽
버튼 클릭

10 테마의 색을 좀 더 밝게 바꾸기 위해 바탕화면에서 마우스 오른쪽 버튼을 클릭한 후 [개인 설정]을 클릭합니다.

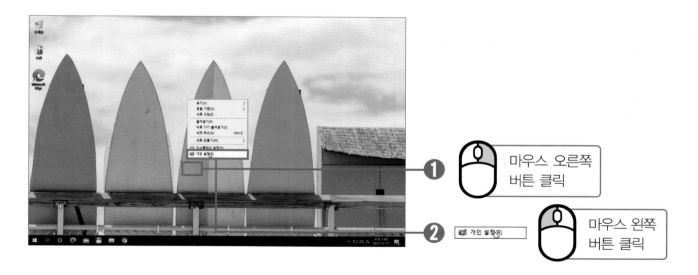

❶ 마우스 오른쪽
버튼 클릭

❷ 개인 설정(R)

마우스 왼쪽
버튼 클릭

⑪ [색]을 클릭합니다.

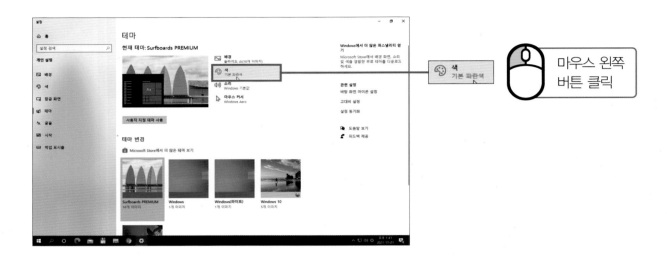

⑫ [기본 Windows 모드 선택]에서 [밝게]를 클릭한 후 [닫기(×)]를 클릭합니다.

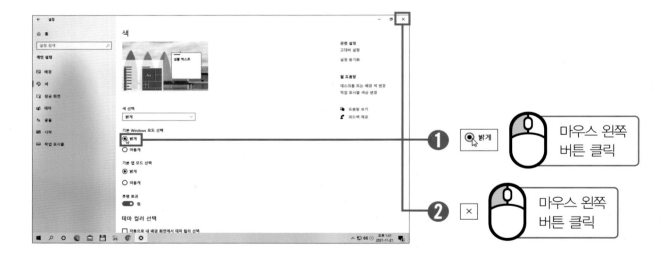

화면의 색이 전체적으로 밝게 변합니다.

14 [시작(⊞)] 버튼을 클릭해 보면 프로그램 목록의 색이 밝게 바뀌었음을 알 수 있습니다.

 마우스 왼쪽 버튼 클릭

Section 07

작업 목록 보이기

윈도우10에서는 사용자가 사용한(작업한) 프로그램의 목록을 보여 주는 기능이 있습니다. 작업 목록 보기 기능을 이용하면 며칠 전에 사용했던 프로그램이나 작업의 내용을 바로 불러와 사용할 수도 있습니다.

1) 작업 목록 보기

현재 프로그램이 두 개가 실행된 상태에서 작업 목록을 보고 며칠 전에 실행했던 프로그램을 다시 실행해 보겠습니다.

01 작업 표시줄의 [작업 보기] 버튼(🔲)을 클릭합니다.

참고! 📧

[작업 보기] 버튼(🔲)이 없다면 키보드에서 [윈도우(⊞)] 키를 누른 채 [탭(Tab)] 키를 누릅니다.

마우스 왼쪽 버튼 클릭

02 현재 실행된 프로그램과 과거에 실행했던 프로그램 목록이 나타납니다.

03 마우스의 휠을 아래로 굴리거나 오른쪽의 스크롤바를 클릭하여 아래로 내린 후 과거에 사용했던 프로그램 창 중의 하나를 클릭합니다.

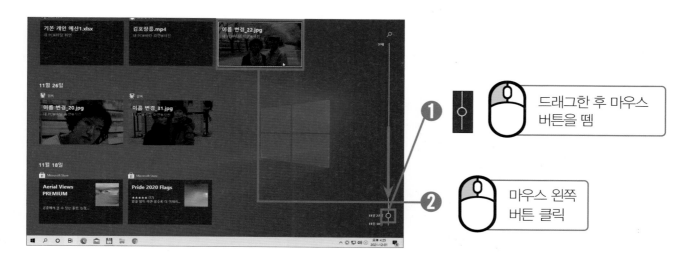

드래그한 후 마우스 버튼을 뗌

마우스 왼쪽 버튼 클릭

04 선택한 프로그램이 실행되면서 과거에 보았던 문서(문서, 그림, 동영상, 음악 등)가 나타납니다. [닫기(×)]를 클릭합니다.

마우스 왼쪽 버튼 클릭

2) 작업 목록 삭제하기

작업 목록에서 특정한 프로그램 창만 삭제해 보겠습니다. 여기서는 작업 목록만 삭제하는 것이기 때문에 실제 파일은 삭제되지 않습니다.

01 가장 위에 있는 창은 현재 실행 중인 프로그램 창입니다. 가장 위에 있는 창 중 하나로 커서를 가져가면서 [×]표시가 나타날 때 클릭합니다.

마우스 왼쪽
버튼 클릭

참고!

여기서 [×]표시를 클릭하면 현재 실행 중이던 프로그램이 종료됩니다.

02 과거에 실행된 창으로 커서를 가져가 마우스 오른쪽 버튼을 클릭한 후 [제거]를 클릭합니다.

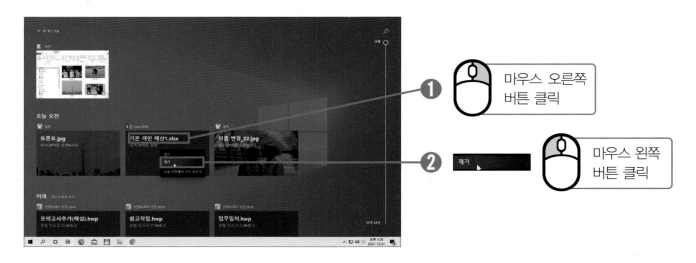

① 마우스 오른쪽
버튼 클릭

② 마우스 왼쪽
버튼 클릭

작업 목록에서 삭제한 프로그램이 삭제됩니다. 화면의 빈 공간을 클릭합니다.

마우스 왼쪽
버튼 클릭

04 바탕화면으로 돌아오면 처음에 있던 프로그램 중의 하나가 닫힌 것을 알 수
있습니다.

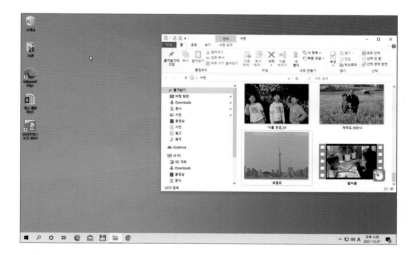

3) 여러 개의 작업 목록 삭제하기

특정한 날짜의 작업 목록을 삭제하는 방법에 대해서 알아보겠습니다.

01 삭제할 날짜에 있는 목록 중 하나에서 마우스 오른쪽 버튼을 클릭한 후 [오늘 오전에서 모두 지우기]를 클릭합니다.

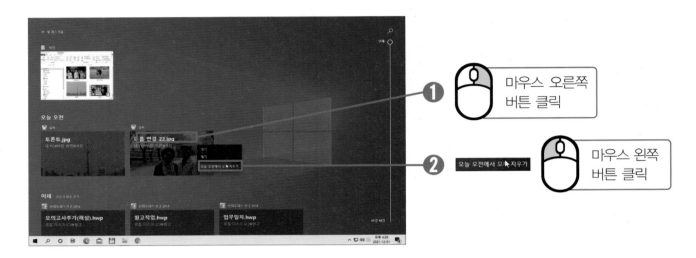

마우스 오른쪽
버튼 클릭

마우스 왼쪽
버튼 클릭

02 모든 활동을 지우겠느냐는 메시지가 나타나면 [예]를 클릭합니다.

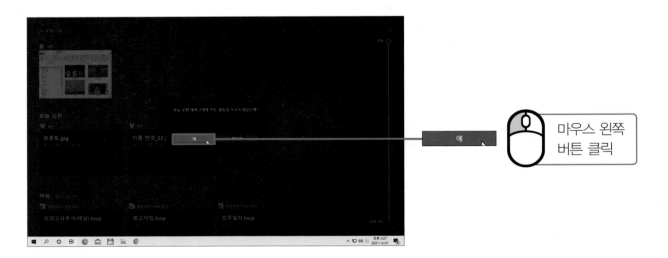

마우스 왼쪽
버튼 클릭

선택한 날짜(시간)의 작업 목록이 삭제됩니다. 화면의 빈 공간을 클릭합니다.

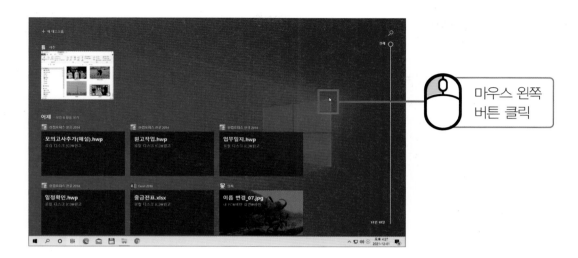

마우스 왼쪽
버튼 클릭

 바탕화면으로 돌아옵니다.

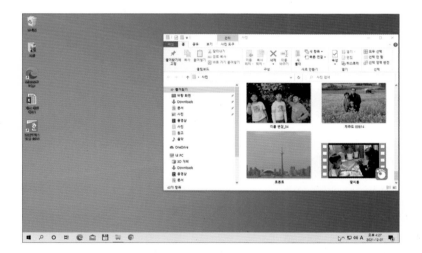

4) 작업 목록 검색해서 실행하기

오래 전에 작업을 해서 화면을 아래로 내려서 찾기가 어려운 경우 검색을 해서 작업한 파일을 찾아보도록 하겠습니다.

01 [검색] 버튼을 클릭한 후 검색창이 나타나면 검색할 단어(이 책에서는 'pride')를 입력합니다.

마우스 왼쪽
버튼 클릭

02 검색할 단어를 한 글자만 입력해도 입력한 글자가 들어간 프로그램을 전부 보여 줍니다. 다시 실행하고자 하는 프로그램을 클릭합니다.

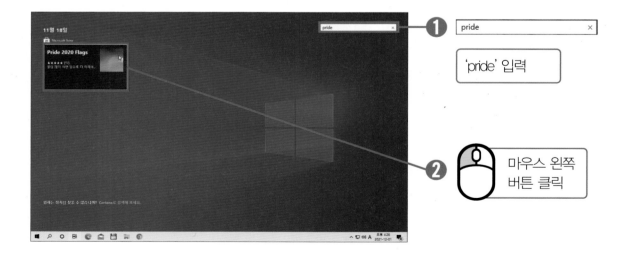

'pride' 입력

마우스 왼쪽
버튼 클릭

03 선택한 프로그램이 실행됩니다.

5) 특정한 날짜의 활동 보기

하루에 프로그램을 여러 개 사용하는 경우가 있습니다. 이런 경우에는 하루에 작업한 내용을 한 번에 다 보여 주지 못합니다. 특정한 날짜의 활동을 보기 위해 이동해 보겠습니다.

 화면에는 어제 사용한 프로그램이 6개만 보입니다. 어제 작업한 내용을 모두 보기 위해 [어제 모든 활동 보기]를 클릭합니다.

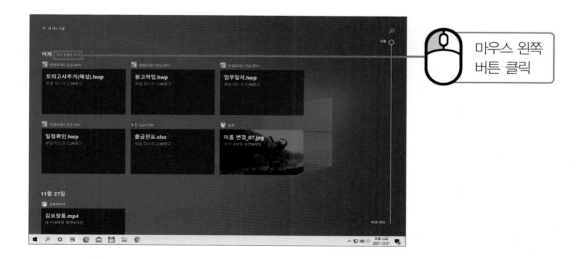

마우스 왼쪽
버튼 클릭

어제 사용한 프로그램 목록이 전부 나타납니다.

03 여기서도 작업 목록에서 삭제할 이미지를 마우스 오른쪽 버튼으로 클릭한
후 하고자 하는 명령(열기, 삭제 등)을 클릭하면 됩니다.

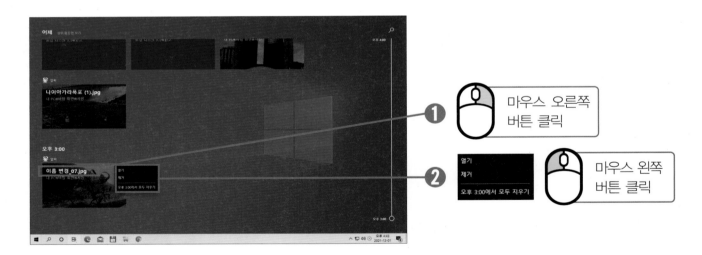

제 03장

탐색기를 이용하여 파일과 폴더 관리하기

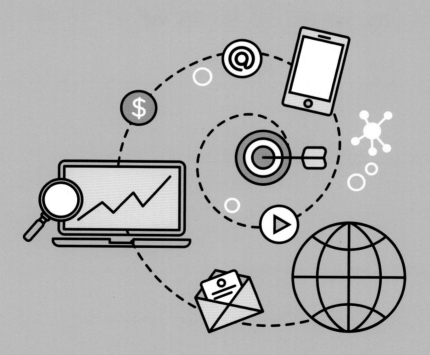

윈도우를 사용하는 데 가장 많이 사용하는 윈도우 탐색기를 이용하여 파일과 폴더를 이용하는 방법에 대해서 알아보겠습니다.

탐색기에서는 파일의 삭제와 복사, 이동, 파일 찾기, 폴더와 파일 이름을 바꾸는 방법 등에 대해서 알아보겠습니다.

Section 01

탐색기 화면 구성

탐색기는 윈도우10에서 파일을 관리(복사, 이동, 삭제, 이름 변경 등)하는 데 사용하는 가장 기본적인 도구입니다.

탐색기의 사용법은 반드시 알아 두어야 좀 더 효율적으로 파일을 관리할 수 있습니다. 먼저 탐색기의 화면 구성에 대해서 알아보겠습니다.

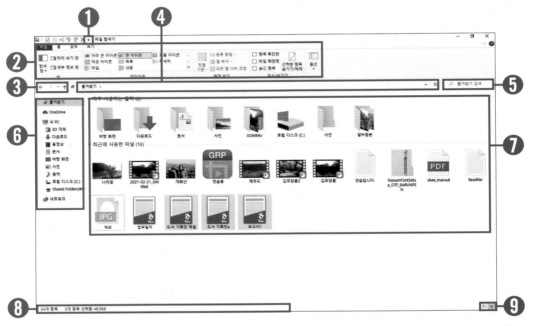

❶ 빠른 실행 도구 모음 : 파일이나 폴더에 빠르게 사용할 수 있는 명령어 모음입니다. ▾를 클릭하면 사용 가능한 명령어가 나타나는데 클릭하면 아이콘으로 표시됩니다.

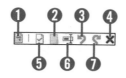

❶ 현재 선택된 위치 **❷** 새 폴더 **❸** 다시 실행 **❹** 삭제 **❺** 속성 **❻** 이름 바꾸기 **❼** 실행 취소

❷ 파일 명령 리본 메뉴 : 파일이나 폴더가 선택된 상태에서는 사용 가능한 명령이 활성화되어 진하게 표시됩니다.

• **파일 탭** : 탐색기를 새로 열거나 탐색기와 관련된 폴더의 옵션을 설정할 수 있습니다.

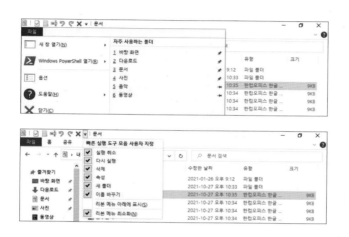

• **홈 탭** : 파일의 복사, 이동 등 파일과 관련된 명령을 사용할 수 있습니다.

• **공유 탭** : 파일의 인쇄, 압축 등 파일을 컴퓨터에서 외부로 보내는 데 사용할 수 있습니다.

• 보기 탭 : 탐색기에 있는 파일을 보는 방법을 선택합니다.

❸ **폴더 이동** : 버튼에 따라서 폴더의 위치가 앞으로/ 뒤로/ 상위 등의 폴더로 이동합니다.

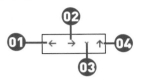

01 전에 방문했던 폴더로 이동 **02** 이후에 방문했던 폴더로 이동
03 최근 방문 폴더로 이동 **04** 상위 폴더로 이동

▾ 를 클릭하면 최근에 클릭했던 폴더의 이름이 나타납니다. 이를 클릭하면 바로 해당 폴더로 이동할 수 있습니다.

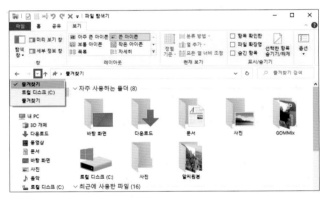

❹ **주소 표시줄** : 현재 커서가 위치한 폴더의 경로를 표시합니다.

폴더에 있는 파일이 추가되거나 삭제되었을 경우 [새로고침(↻)]을 클릭하면 폴더에 있는 파일의 정보가 최신 데이터로 변경됩니다.

❺ 검색창 : 선택한 디스크나 폴더 내에서 파일을 검색하여 찾을 수 있습니다.

❻ 탐색창 : 현재 디스크에 있는 폴더(즐겨찾기, 라이브러리, 내 컴퓨터 등)의 구조를 보여 줍니다.

❼ 파일 보기 : 폴더를 선택하면 폴더 안에 있는 파일을 보여 줍니다.

❽ 상태 표시줄 : 현재 파일 보기 창에 있는 파일이나 폴더의 개수, 크기 등을 알려 줍니다.

24개 항목   3개 항목 선택함 48.0KB

❾ 보기 방법 선택 : 파일 보기 창의 보는 방법을 정보 표시나 큰 미리보기 형식으로 지정할 수 있습니다.

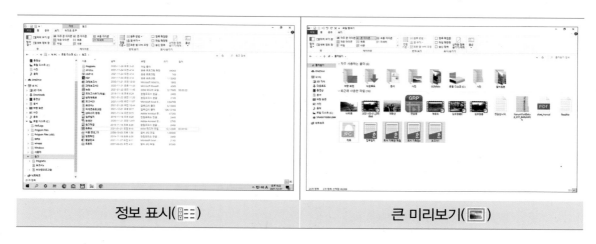

| 정보 표시(▤) | 큰 미리보기(▣) |

파일 보기

탐색기에서 파일을 보는 방법에 대해서 알아보겠습니다. 사용자가 보기에 편한 방법으로 선택하면 다음번 탐색기를 실행할 때에도 이전에 선택한 방법으로 파일이 보입니다. 따라 하면서 가장 마음에 드는 보기 형식을 선택(클릭)하면 됩니다.

1) 파일 보기 설정하기

01 [탐색기]를 클릭하여 실행합니다.

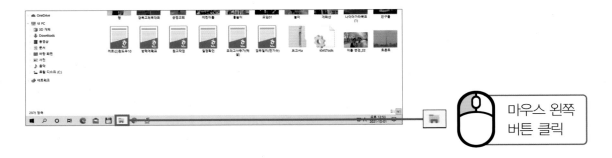

마우스 왼쪽
버튼 클릭

02 폴더를 선택하면 해당 폴더에 있는 파일들이 보입니다. [보기] 탭을 더블클릭하여 [보기] 탭을 고정합니다.

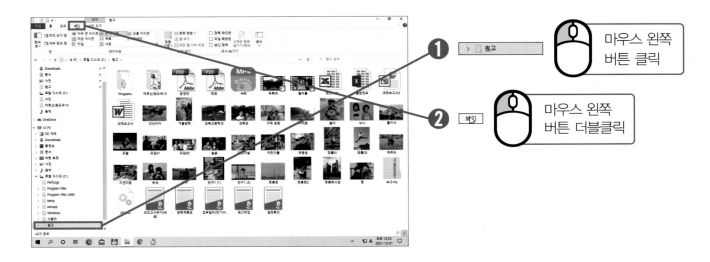

1 원고
마우스 왼쪽
버튼 클릭

2 보기
마우스 왼쪽
버튼 더블클릭

03 파일을 선택(클릭)한 후 [미리보기 창]을 클릭하면 보기 창의 오른쪽에 선택한 파일이 크게 보입니다.

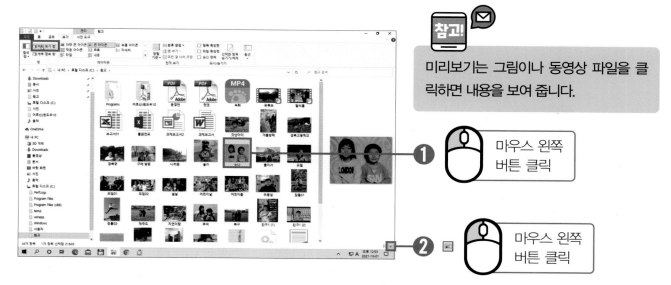

미리보기는 그림이나 동영상 파일을 클릭하면 내용을 보여 줍니다.

❶ 마우스 왼쪽 버튼 클릭

❷ 마우스 왼쪽 버튼 클릭

04 [세부 정보 창]을 클릭하면 선택한 파일에 대한 세부 정보가 나타납니다. 한 번 더 [세부 정보 창]을 클릭하여 세부 정보 창을 감춥니다.

마우스 왼쪽 버튼 클릭

[미리보기 창]과 [세부 정보 창]은 한 번 클릭할 때마다 보이거나 숨겨지거나 합니다.

05 [아주 큰 아이콘]을 클릭하면 아이콘의 보이는 형태가 달라집니다.

마우스 왼쪽
버튼 클릭

참고!

[아주 큰 아이콘]은 파일을 가장 큰 형태
의 아이콘이나 이미지로 보여 줍니다.

06 [큰 아이콘]을 클릭하면 아이콘의 보이는 형태가 달라집니다.

마우스 왼쪽
버튼 클릭

참고!

[큰 아이콘]은 아주 큰 아이콘보다는 작지만 큰 형태의 아이콘이나 이미지로 보여 줍니다.

[보통 아이콘]을 클릭하면 아이콘의 보이는 형태가 달라집니다.

마우스 왼쪽
버튼 클릭

[보통 아이콘]은 일반적 크기의 아이콘
형태로 많은 파일을 보여 줍니다.

 [작은 아이콘]을 클릭하면 아이콘의 보이는 형태가 달라집니다.

마우스 왼쪽
버튼 클릭

[작은 아이콘]은 작은 크기의 아이콘 형태로 많은 파일을 보여 줍니다.

[목록]을 클릭하면 아이콘의 보이는 형태가 달라집니다.

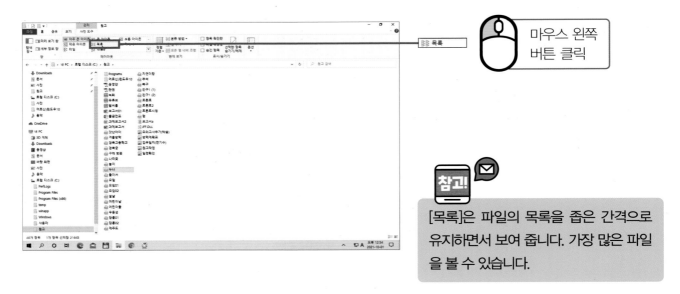

마우스 왼쪽
버튼 클릭

[목록]은 파일의 목록을 좁은 간격으로 유지하면서 보여 줍니다. 가장 많은 파일을 볼 수 있습니다.

 [자세히]를 클릭하면 아이콘의 보이는 형태가 달라집니다.

마우스 왼쪽
버튼 클릭

[자세히]는 파일의 크기, 생성 날짜, 유형 등을 보여 줍니다.

[타일]을 클릭하면 아이콘의 보이는 형태가 달라집니다.

마우스 왼쪽
버튼 클릭

참고! [타일]은 파일의 목록을 타일 형식으로 파일의 이름, 형식, 크기 등을 보여 줍니다.

 [내용]을 클릭하면 아이콘의 보이는 형태가 달라집니다.

마우스 왼쪽
버튼 클릭

참고! [내용]은 [자세히]와 비슷하지만 그림이나 동영상 파일의 경우 크기(해상도)도 알 수 있습니다.

2) 파일의 확장자를 보이게 하고 파일 선택하기

파일의 확장자는 파일의 종류를 구분하는 글자입니다. 항목 확인란은 파일을 선택할 수 있는 박스를 보이게 하는 것입니다. 여기서는 파일의 확장자와 항목 확인란을 보이게 하여 파일을 선택해 보겠습니다.

01 [항목 확인란]을 클릭합니다.

마우스 왼쪽
버튼 클릭

02 커서를 파일의 근처로 가져가면 항목 확인 박스가 생성되는데 클릭하여 선택합니다. 다른 파일도 클릭해서 선택합니다.

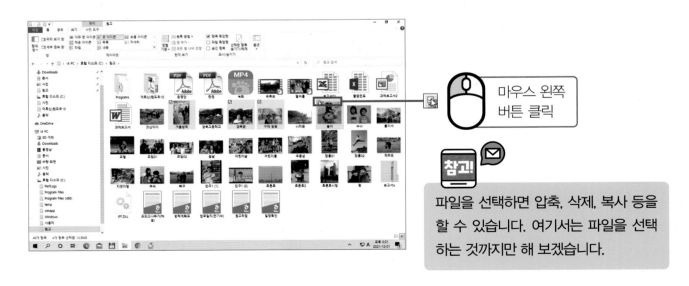

마우스 왼쪽
버튼 클릭

참고!

파일을 선택하면 압축, 삭제, 복사 등을 할 수 있습니다. 여기서는 파일을 선택하는 것까지만 해 보겠습니다.

03 [파일 확장명]을 클릭하면 파일의 이름 뒤에 확장자가 붙습니다.

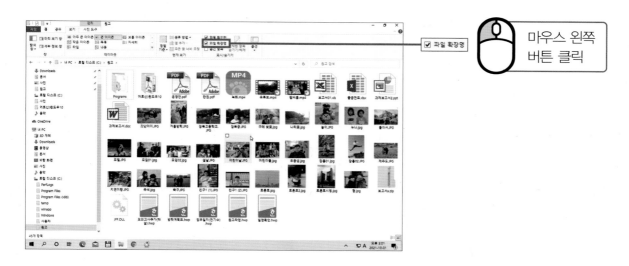

☑ 파일 확장명 ─── 마우스 왼쪽 버튼 클릭

 04 [자세히]를 클릭합니다.

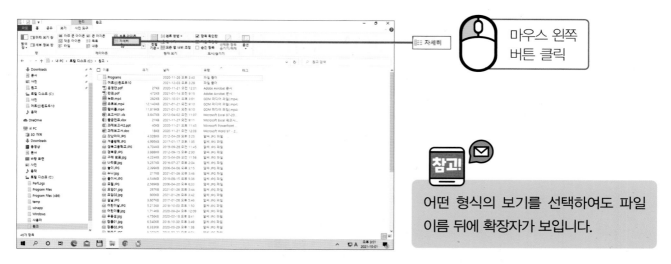

☰☰ 자세히 ─── 마우스 왼쪽 버튼 클릭

참고!

어떤 형식의 보기를 선택하여도 파일 이름 뒤에 확장자가 보입니다.

📢 팁! 아이콘의 형태 기억하기

일반적으로 윈도우10을 사용할 때는 확장자를 보이지 않게 합니다. 아이콘의 형태만 보아도 어떤 파일인지 알 수 있기 때문입니다.
아이콘의 형태를 잘 기억해 놓으면 파일을 구분할 때 편리합니다.

3) 배경으로 설정하기

그림 파일을 배경으로 설정하는 다양한 방법이 있지만 여기서는 탐색기에서 그림 파일을 바로 배경으로 설정해 보겠습니다.

01 배경으로 사용할 그림을 클릭한 후 [사진 도구]를 클릭하여 [배경으로 설정]을 클릭한 후 [닫기(×)]를 클릭하여 [탐색기]를 닫습니다.

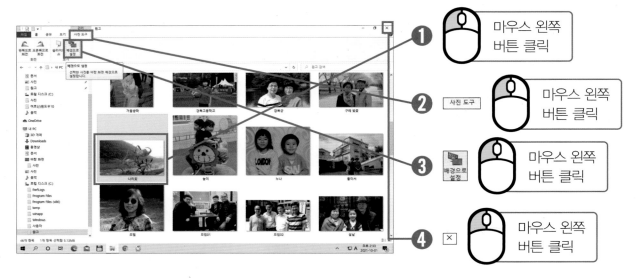

①	마우스 왼쪽 버튼 클릭
② 사진 도구	마우스 왼쪽 버튼 클릭
③ 배경으로 설정	마우스 왼쪽 버튼 클릭
④ ×	마우스 왼쪽 버튼 클릭

02 선택한 그림이 바탕화면의 배경으로 설정됩니다.

Section 03

파일 정렬하기

탐색기에서는 원하는 기준(이름, 크기, 날짜, 유형 등)으로 파일을 정렬할 수 있습니다. 파일 정렬을 잘 이용하면 파일의 복사, 이동, 삭제 등을 할 때 효율적으로 할 수 있습니다.

1) 파일 정렬하기

01 정렬 기준은 ∧ / ∨ 표시가 있는 항목이 현재 정렬의 기준입니다. 현재는 [태그]가 정렬의 기준으로 되어 있습니다.

02 [이름]을 클릭합니다. ∧ 표시가 [태그] 항목에서 [이름] 항목으로 이동합니다.

오름차순(ㄱ, ㄴ, ㄷ… 1, 2, 3…)으로 정렬됩니다.

한 번 더 클릭하면 ⌄ 표시로 바뀌면서 이름 순서로 정렬됩니다.

마우스 왼쪽
버튼 클릭

참고!

내림차순(ㄷ, ㄴ, ㄱ… 3, 2, 1…)으로 정렬됩니다.

 [크기]를 클릭하면 파일의 크기가 큰 순서로 정렬됩니다.

마우스 왼쪽
버튼 클릭

한 번 더 클릭하면 ⌄ 표시로 바뀌면서 파일의 크기가 작은 순서로 정렬됩니다.

05 [날짜]를 클릭하면 날짜가 최신순으로 정렬됩니다. 만든 날짜, 수정한 날짜
가 보입니다. [날짜]를 클릭한 후 왼쪽으로 드래그합니다.

마우스 왼쪽
버튼 클릭

참고! 한 번 더 클릭하면 ∧ 표시로 바뀌면서
오래된 순서로 정렬됩니다.

2) 원하는 형식을 앞으로 보내기

파일을 정렬할 때 사용자가 원하는 기준(크기, 날짜, 유형 순)으로 보기 편하게 해서
정렬해 보겠습니다.

01 항목의 빈 공간에서 마우스 오른쪽 버튼을 클릭한 후 보이게 할 항목(만든
날짜, 수정한 날짜)을 차례대로 클릭합니다.

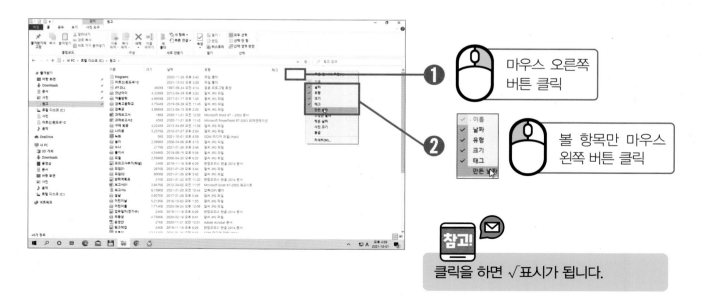

마우스 오른쪽
버튼 클릭

볼 항목만 마우스
왼쪽 버튼 클릭

참고! 클릭을 하면 √표시가 됩니다.

02 만든 날짜, 수정한 날짜가 보입니다. [날짜]를 클릭한 후 왼쪽으로 드래그합
니다.

마우스 왼쪽 버튼
클릭 후 드래그

참고!

[날짜] 순으로 편하게 보기 위해서 왼쪽
으로 이동할 것입니다.

03 왼쪽으로 드래그하여 원하는 위치로 이동한 후 마우스 버튼을 뗍니다.

드래그한 후 마우스
버튼을 뗌

[날짜]가 왼쪽으로 이동했습니다.

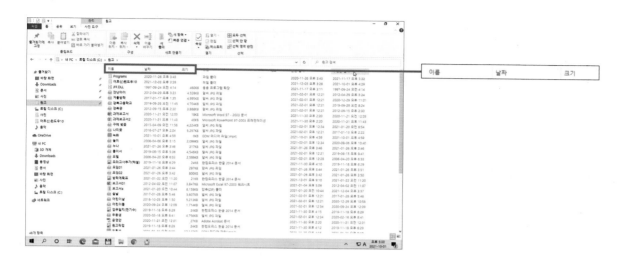

3) 분류 방법 지정하기

사용자가 원하는 방식으로 파일을 분류하고 구분하는 방법에 대해서 알아보겠습니다. 많은 파일들 속에서 원하는 파일을 찾을 때 분류를 하면 빠르게 파일을 찾을 수 있습니다.

01 [보기] 탭을 더블클릭한 후 [분류 방법]을 클릭하여 [이름]을 클릭합니다.

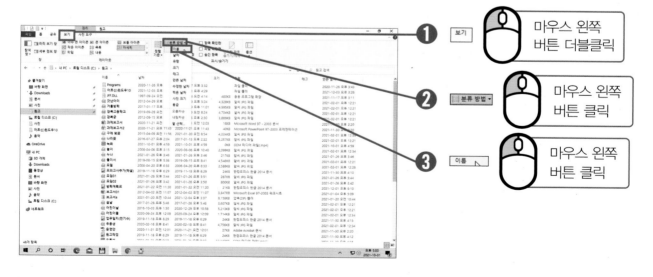

구분선이 생기며 파일이 이름 순으로 몇 개 단위로 묶여 구분되어 정렬됩니다.

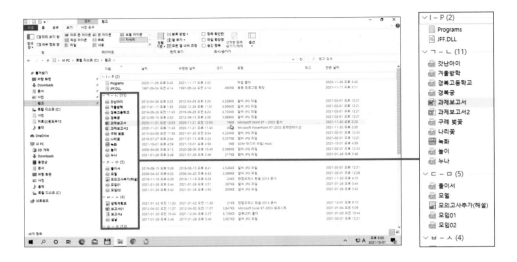

 [큰 아이콘]을 클릭합니다. 큰 아이콘으로 보기를 선택해도 구분되어 정렬
됩니다.

마우스 왼쪽
버튼 클릭

참고!

다른 형식의 분류 방법도 선택해 보기 바랍니다.

원래대로 돌아가기 위해 [분류 방법]을 클릭한 후 [없음]을 클릭합니다.

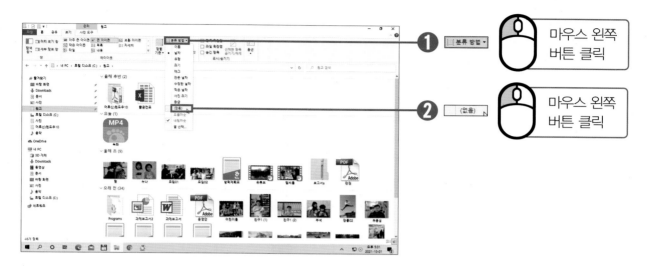

마우스 왼쪽
버튼 클릭

[분류 방법 ▼]

마우스 왼쪽
버튼 클릭

[없음]

05 구분선이 없는 상태로 보입니다.

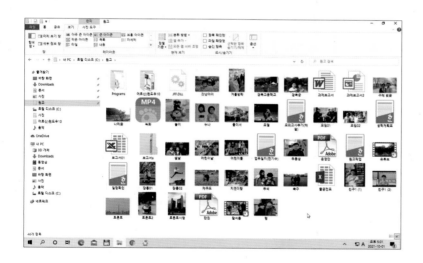

내 컴퓨터에서 파일 찾기

컴퓨터에서 특정한 파일을 찾고 싶은데 어디에 위치해 있는지 모를 수가 있습니다. 이런 경우 찾기를 이용해서 파일을 찾을 수 있습니다.

1) 파일 찾기

내 컴퓨터에서 '업무일지'라는 아래 한글 파일(hwp)를 찾아보도록 하겠습니다.

01 [탐색기]를 실행한 후 검색할 드라이브나 폴더를 클릭합니다.

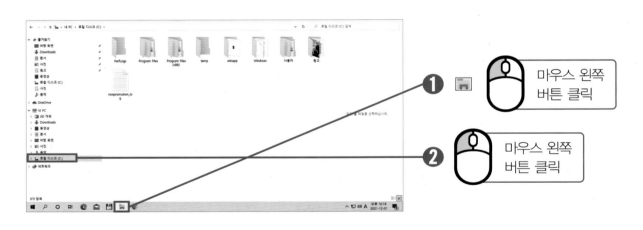

02 [검색어] 입력란을 클릭한 후 검색할 파일의 이름(이 책에서는 '업무일지')을 입력하고 ➡️를 클릭합니다.

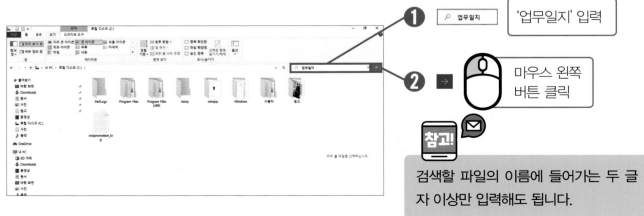

참고!

검색할 파일의 이름에 들어가는 두 글자 이상만 입력해도 됩니다.

파일의 내용이 검색되어 결과가 하나씩 나타납니다.

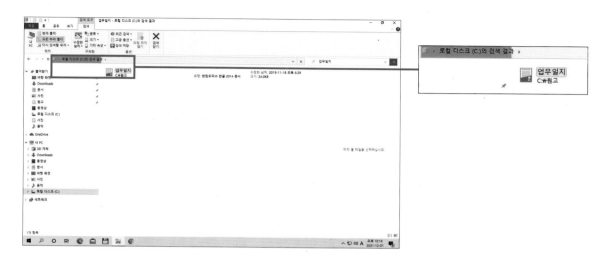

하드디스크의 용량이 클수록 검색하는 시간이 길어집니다. 검색을 중단하고 싶다면 ✖를 클릭하면 됩니다.

04 검색어가 들어간 파일들의 목록이 나타납니다.

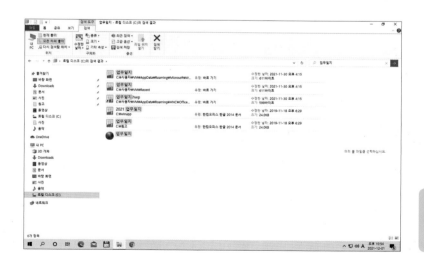

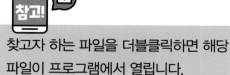

찾고자 하는 파일을 더블클릭하면 해당 파일이 프로그램에서 열립니다.

2) 검색 기록 삭제하기

탐색기에서 검색한 기록은 검색어 입력란을 클릭하면 이후에도 계속 나타납니다. 검색어 입력란에 있는 검색 기록을 삭제해 보겠습니다.

01 [검색어] 입력란을 클릭하면 입력했던 검색어가 나타납니다. [장치 내역에서 제거(×)]를 클릭합니다.

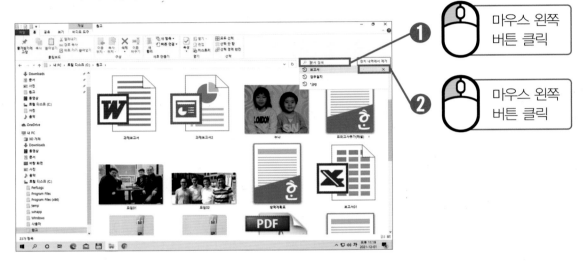

마우스 왼쪽 버튼 클릭

마우스 왼쪽 버튼 클릭

02 검색어가 삭제됩니다.

다른 검색어도 같은 방법으로 삭제하면 됩니다.

Section 05

파일들 선택하기

탐색기에서 여러 개의 파일을 선택하는 방법에 대해서 알아보겠습니다. 파일을 선택해서 복사, 이동, 삭제, 압축 등을 할 수 있습니다.
여러 가지 방법으로 파일을 선택할 수 있으며 연습을 많이 해서 파일을 선택하는 방법을 익혀야 합니다.

1) 키보드로 연속해서 선택하기

여러 개의 파일 중에서 순차적으로 연속해서 파일을 선택해 보겠습니다. 여기서는 키보드를 함께 사용해서 선택하는 방법에 대해서 알아보겠습니다.

01 선택할 파일들이 있는 폴더로 들어가 선택할 파일들 중 가장 앞에 있는 파일(이 책에서는 '캐나다1')을 클릭합니다.

마우스 왼쪽 버튼 클릭

참고!

선택하면 파일이 블록으로 설정됩니다. 여기서는 '캐나다1' 파일부터 '캐나다5' 파일까지 선택할 것입니다.

02 [시프트(Shift)] 키를 누른 채 마지막으로 선택할 파일(이 책에서는 '캐나다5')을 클릭합니다.

[시프트(Shift)] 키를 누른 채 마우스 왼쪽 버튼 클릭

03 선택을 해제하려면 화면의 빈 공간을 클릭하면 됩니다.

마우스 왼쪽
버튼 클릭

팁! 자세히 보기 상태에서 선택하기

01 가장 위에 있는 파일을 클릭합니다.
02 [시프트(Shift)] 키를 누른 채 마지막으로 선택할 파일을 클릭합니다.

2) 마우스로 연속해서 선택하기

[큰 아이콘] 보기와 [자세히] 보기에서 키보드의 사용 없이 마우스만으로 파일을 연속해서 선택해 보겠습니다.

01 [보기] 탭을 더블클릭한 후 처음 선택할 파일의 약간 위 여백 부분을 클릭합니다.

마우스 왼쪽 버튼 더블클릭

마우스 왼쪽 버튼 클릭

참고! 파일을 선택하는 것이 아닌 파일과 파일 사이의 여백을 선택합니다.

02 마우스 버튼을 클릭한 채 마지막으로 선택될 파일이 있는 곳까지 드래그합니다.

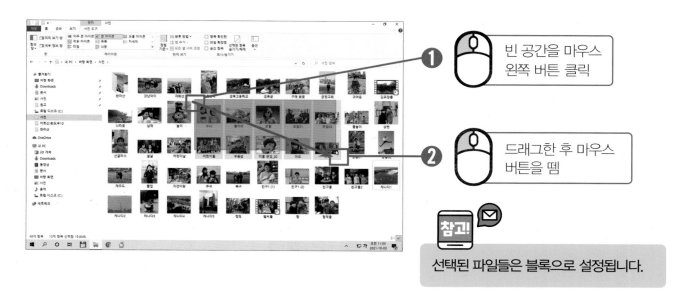

빈 공간을 마우스 왼쪽 버튼 클릭

드래그한 후 마우스 버튼을 뗌

참고! 선택된 파일들은 블록으로 설정됩니다.

마우스 버튼을 떼면 파일들이 선택됩니다. [자세히] 보기를 클릭합니다.

마우스 왼쪽
버튼 클릭

 처음 선택할 파일을 클릭합니다.

마우스 왼쪽
버튼 클릭

파일을 선택하면서 바로 드래그해야 합니다.

05 마우스 버튼을 클릭한 채 대각선 아래로 드래그하여 마지막으로 선택할 파일
이 선택될 만큼의 사각형을 그려 줍니다.

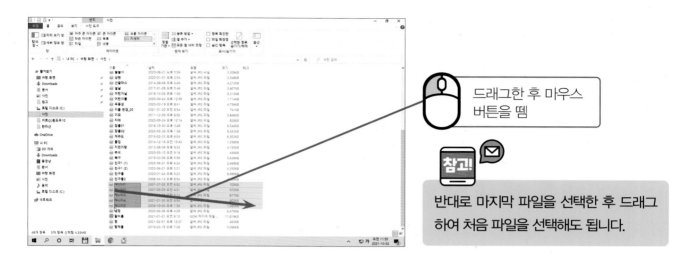

드래그한 후 마우스
버튼을 뗌

참고! 반대로 마지막 파일을 선택한 후 드래그
하여 처음 파일을 선택해도 됩니다.

3) 연속되지 않게 파일 선택하기

여러 개의 파일을 연속되지 않게 선택해 보겠습니다. [큰 아이콘] 보기와 [자세히] 보
기에서 키보드와 마우스를 이용하여 선택할 것입니다.

01 처음으로 선택할 파일을 클릭합니다.

마우스 왼쪽
버튼 클릭

참고! 선택한 파일은 블록으로 설정됩니다.

[컨트롤(Ctrl)] 키를 누른 채 두 번째 파일을 클릭합니다.

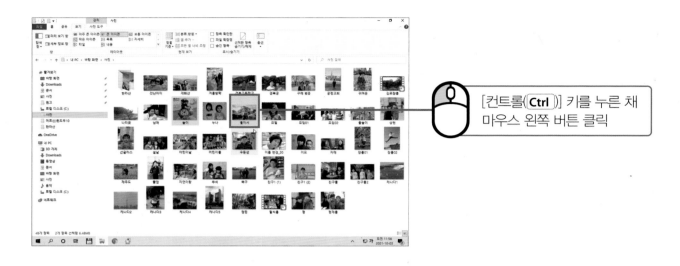

[컨트롤(Ctrl)] 키를 누른 채
마우스 왼쪽 버튼 클릭

 [컨트롤(Ctrl)] 키를 누른 채 다른 파일도 차례로 클릭하여 선택합니다.

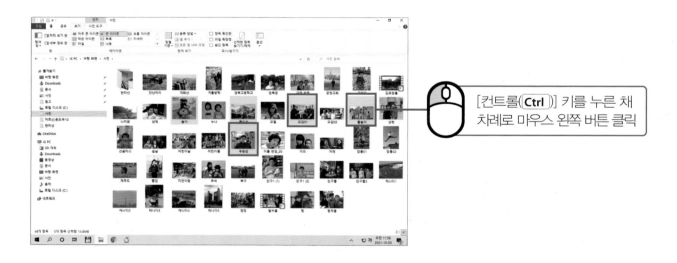

[컨트롤(Ctrl)] 키를 누른 채
차례로 마우스 왼쪽 버튼 클릭

[자세히] 보기를 클릭한 후 처음으로 선택할 파일을 클릭합니다.

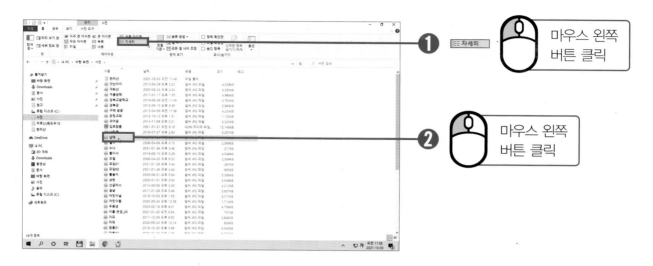

마우스 왼쪽 버튼 클릭

마우스 왼쪽 버튼 클릭

05 [컨트롤(Ctrl)] 키를 누른 채 다른 파일도 차례로 클릭하여 선택합니다.

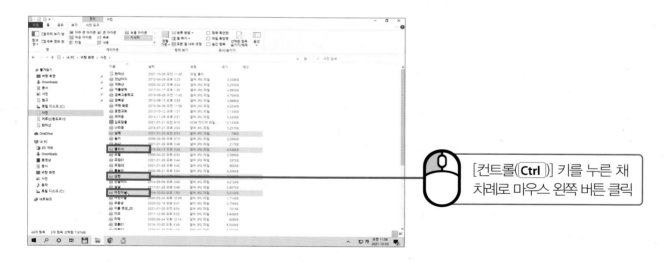

[컨트롤(Ctrl)] 키를 누른 채 차례로 마우스 왼쪽 버튼 클릭

팁! 파일 선택하기

❶ 선택한 파일로 할 수 있는 것들

파일을 선택한 후 마우스 오른쪽 버튼을 클릭하면 선택한 파일에 적용할 수 있는 명령(압축, 삭제, 보내기, 복사 등)이 나타납니다.

❷ 모든 파일을 선택하려면

폴더에 있는 파일을 전부 선택하려면 [모두 선택]을 클릭하면 됩니다.

Section 06

파일(폴더) 이름 바꾸기

이미 이름이 있는 파일의 이름을 바꾸어 보겠습니다. 폴더와
파일은 이름을 바꾸는 방법이 같습니다.

01 이름을 바꿀 사진을 마우스 오른쪽 버튼으로 클릭한 후 [이름 바꾸기]를 클
릭합니다.

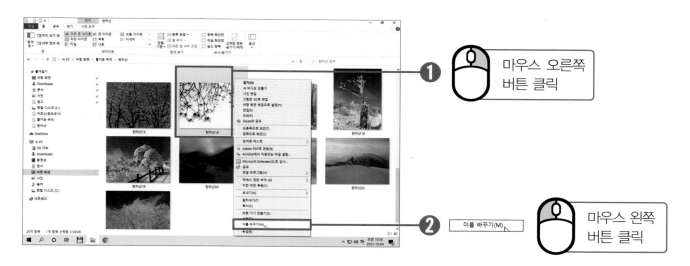

❶ 마우스 오른쪽
버튼 클릭

❷ 이름 바꾸기(M)

마우스 왼쪽
버튼 클릭

02 이름이 블록으로 설정됩니다.

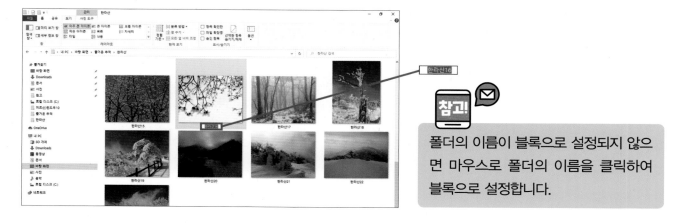

참고!

폴더의 이름이 블록으로 설정되지 않으
면 마우스로 폴더의 이름을 클릭하여
블록으로 설정합니다.

03 바꿀 이름(이 책에서는 '배경으로 사용')을 입력한 후 [엔터([Enter])] 키를 누릅니다.

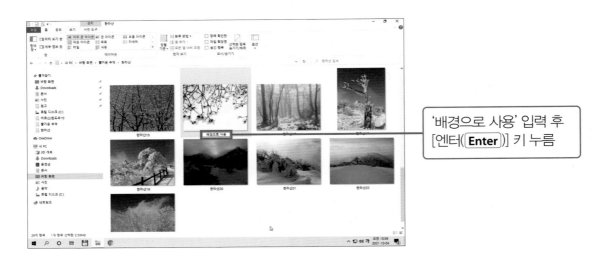

'배경으로 사용' 입력 후
[엔터([Enter])] 키 누름

04 사진의 이름이 바뀝니다.

배경으로 사용

정렬 기준이 이름으로 되어 있어서 자동으로 정렬되어 앞쪽으로 배치됩니다.

팁! 다른 방법으로 이름 바꾸기

01 이름을 바꿀 파일을 클릭한 후 이름 부분을 한 번 더 클릭합니다.

02 이름이 블록으로 설정되면 새로운 이름을 입력한 후 [엔터(Enter)] 키를 누르면 됩니다.

폴더의 이름이 블록으로 설정되지 않으면 마우스로 폴더의 이름을 클릭하여 블록으로 설정합니다.

Section 07

파일 복사(붙여넣기), 이동하기

탐색기에서 가장 많이 사용하는 기능이 파일의 복사, 이동, 삭제입니다. 파일을 선택하여 복사한 후 새로운 폴더를 만들거나 다른 폴더로 붙여넣기를 하거나 이동시켜 보겠습니다.

1) 파일 복사해서 붙여넣기

파일을 복사한 후 폴더를 만들어서 붙여넣기를 해 보겠습니다. 복사는 원본을 그대로 둔 채 붙여넣기를 해서 똑같은 파일을 한 개 더 만드는 것입니다.

01 복사할 파일이 있는 폴더를 클릭한 후 파일들을 [컨트롤([Ctrl])] 키를 누른 채 차례로 클릭하여 선택합니다.

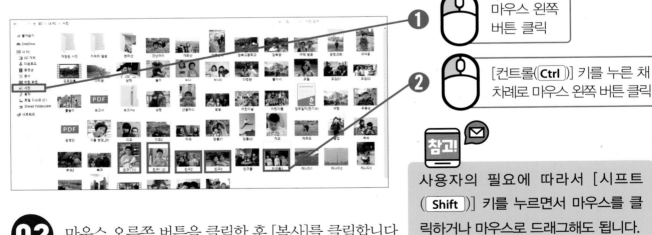

① 마우스 왼쪽 버튼 클릭

② [컨트롤([Ctrl])] 키를 누른 채 차례로 마우스 왼쪽 버튼 클릭

참고! 사용자의 필요에 따라서 [시프트([Shift])] 키를 누르면서 마우스를 클릭하거나 마우스로 드래그해도 됩니다.

02 마우스 오른쪽 버튼을 클릭한 후 [복사]를 클릭합니다.

① 마우스 오른쪽 버튼 클릭

② 마우스 왼쪽 버튼 클릭

복사(C)

03 파일을 복사할 폴더를 만들 드라이브를 클릭하고 마우스 오른쪽 버튼을 클릭한 후 [새로 만들기]-[폴더]를 클릭합니다.

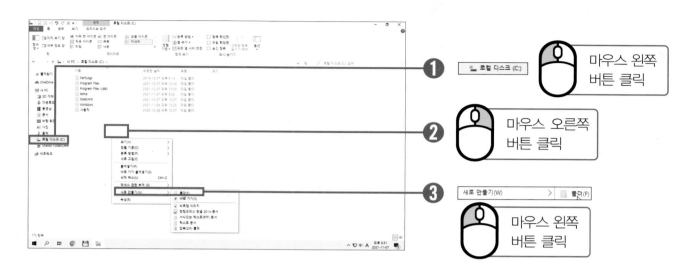

04 새 폴더가 생성되면서 블록으로 설정됩니다.

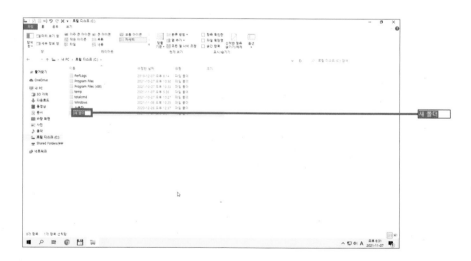

블록으로 설정되지 않으면 폴더의 제목을 마우스를 드래그하여 블록으로 설정합니다.

05 새로운 폴더의 이름(이 책에서는 '친구들사진')을 입력한 후 [엔터(Enter)] 키를 누릅니다. 새로운 폴더를 더블클릭합니다.

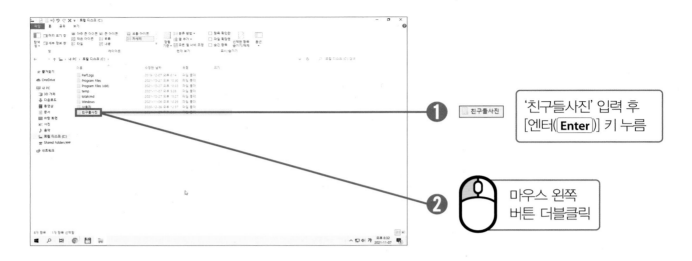

친구들사진

'친구들사진' 입력 후 [엔터(Enter)] 키 누름

마우스 왼쪽 버튼 더블클릭

06 새로운 폴더에서 마우스 오른쪽 버튼을 클릭한 후 [붙여넣기]를 클릭합니다.

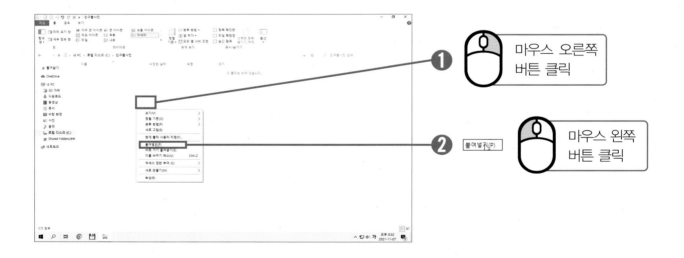

마우스 오른쪽 버튼 클릭

붙여넣기(P)

마우스 왼쪽 버튼 클릭

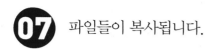 파일들이 복사됩니다.

2) 파일 이동하기(잘라내어 붙이기)

파일 이동하기는 복사하기와 달리 원본 파일을 삭제한 후 원하는 곳에 붙여넣기를
하는 것입니다.

 이동할 파일들을 클릭하여 선택합니다.

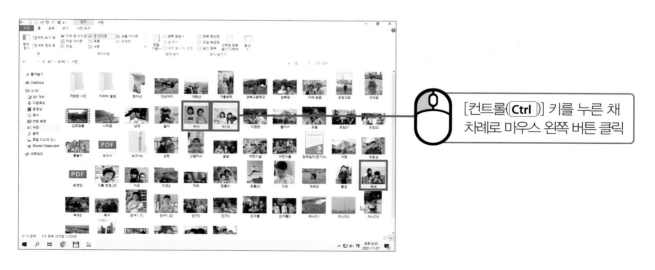

[컨트롤(Ctrl)] 키를 누른 채
차례로 마우스 왼쪽 버튼 클릭

02 파일이 선택된 상태에서 마우스 오른쪽 버튼을 클릭한 후 [잘라내기]를 클릭합니다.

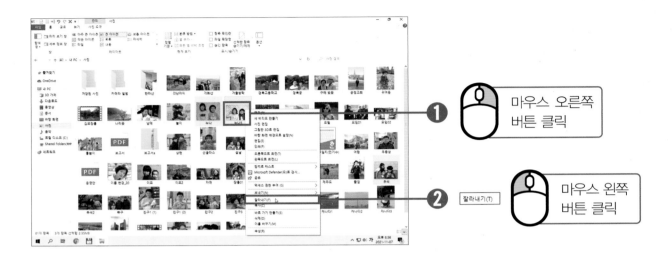

마우스 오른쪽
버튼 클릭

잘라내기(T)

마우스 왼쪽
버튼 클릭

03 잘라내기는 선택한 파일들이 흐리게 보입니다.

누나   누나3

추석

복사하기는 선택한 파일들이 흐리게 보이지 않습니다.

파일을 이동할 드라이브를 클릭한 후 폴더를 만들기 위해 빈 공간을 마우스
오른쪽 버튼을 클릭한 후 [새로 만들기]-[폴더]를 클릭합니다.

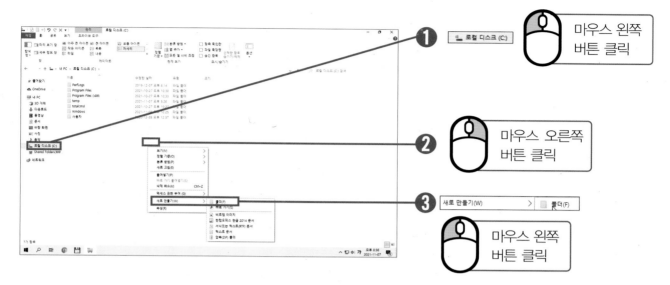

05 새 폴더가 생성되면서 블록으로 설정됩니다.

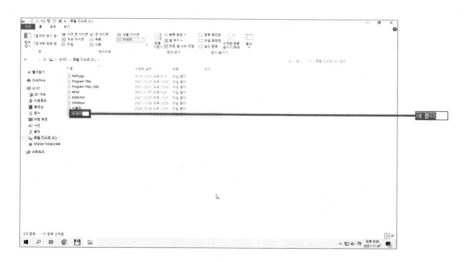

06 새로운 폴더의 이름(이 책에서는 '형제들')을 입력한 후 [엔터([Enter])] 키를
누릅니다. 새로운 폴더를 더블클릭합니다.

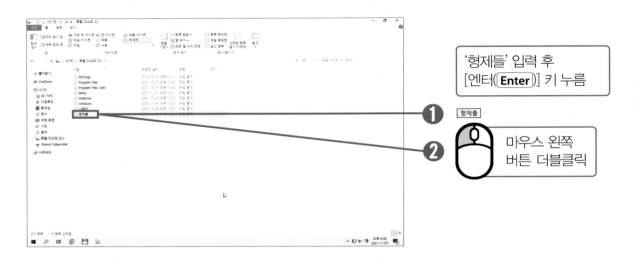

'형제들' 입력 후
[엔터([Enter])] 키 누름

형제들

② 마우스 왼쪽
버튼 더블클릭

07 새로운 폴더에서 마우스 오른쪽 버튼을 클릭한 후 [붙여넣기]를 클릭합니다.

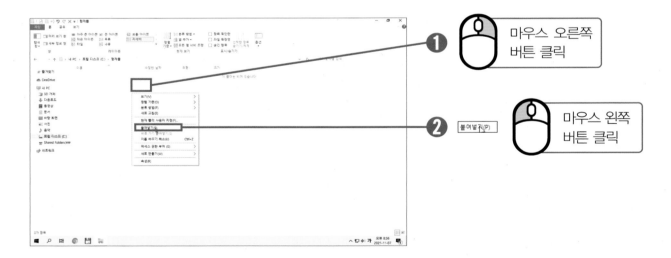

① 마우스 오른쪽
버튼 클릭

② 붙여넣기(P)
마우스 왼쪽
버튼 클릭

08 파일들이 이동됩니다.

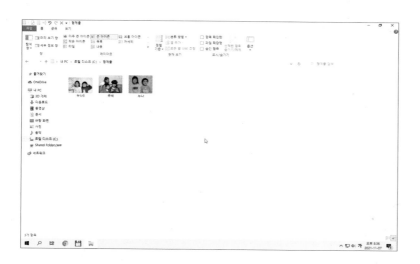

팁! 파일 잘라내기

[잘라내기]를 하면 원본 파일이 있던 곳에서는 잘라내기를 하기 위해 선택한 파일들이 삭제됩니다.

01 잘라 낼 파일 선택

02 잘라내기 실행 후

Section 08

파일 인쇄하기

일반적으로 파일을 인쇄하려면 파일을 특정 프로그램에서 열어서 인쇄 명령을 실행했습니다. 탐색기에서는 프로그램을 실행하지 않고 바로 인쇄할 수 있습니다. 아래 한글을 pdf 파일로 인쇄해 보겠습니다.

01 인쇄할 파일이 있는 드라이브를 클릭한 후 폴더를 더블클릭합니다.

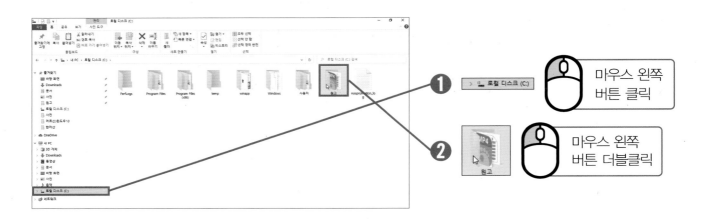

02 인쇄할 파일을 클릭하고 [공유] 탭을 클릭한 후 [인쇄]를 클릭합니다.

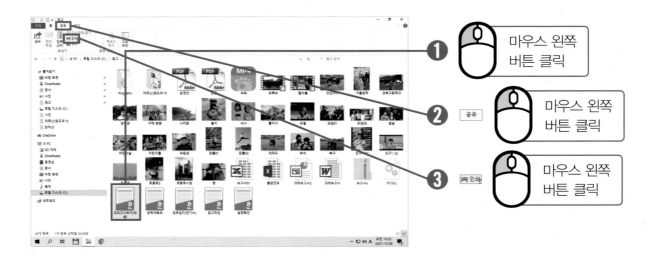

인쇄 관리자가 열리면서 인쇄할 프린터가 자동으로 실행됩니다.

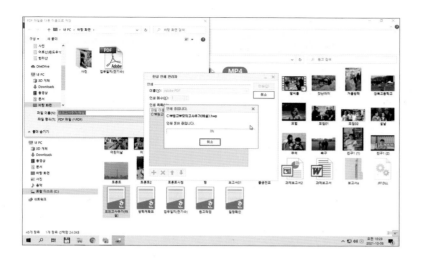

 컴퓨터에 프린터가 연결되어 있고 기본 프린터로 설정되어 있다면 해당 프린터가 실행됩니다. 여기서는 기본 프린터가 pdf로 되어 있어서 pdf 파일로 저장하는 것입니다.

04 pdf 파일을 저장할 폴더를 선택하고 [저장]을 클릭합니다.

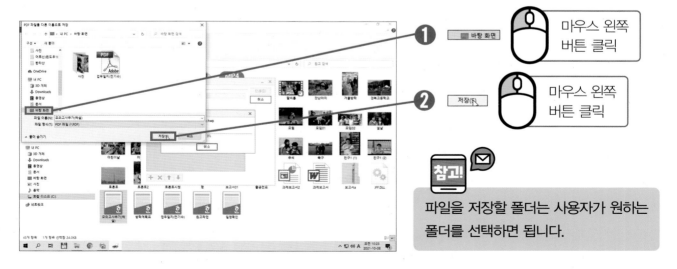

파일을 저장할 폴더는 사용자가 원하는 폴더를 선택하면 됩니다.

05 pdf가 생성되면 작업 표시줄에 pdf 파일이 생성되었다고 메시지가 나타납니다. 메시지를 클릭하면 파일이 열립니다.

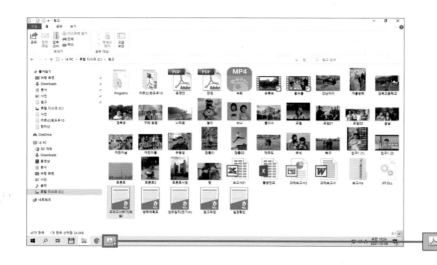

마우스 왼쪽
버튼 클릭

팁! 다른 종류의 파일 인쇄하기

다른 파일을 인쇄할 경우 해당 파일에 맞는 인쇄 관리자가 실행됩니다. 프린터, 용지 크기, 인쇄 품질을 변경할 수 있습니다.

파일 압축하기

탐색기에서는 기본적으로 파일을 압축하고 풀 수 있는 기능이 있습니다. 파일을 압축하고 푸는 방법에 따라 외부 프로그램을 사용하기도 하고 탐색기에 있는 압축 도구를 사용하기도 합니다. 여기서는 탐색기에서 사용 가능한 압축 기능을 이용해 압축을 하고 푸는 방법에 대해서 알아보겠습니다.

1) 파일 압축하기

01 압축할 파일을 드래그하거나 [컨트롤([Ctrl])] 키나 [시프트([Shift])] 키를 사용하여 선택합니다.

[컨트롤([Ctrl])] 키를 누른 채 차례로 마우스 왼쪽 버튼 클릭 또는 처음 선택할 파일을 클릭한 후 [시프트([Shift])] 키를 누른 채 마지막 선택할 파일을 클릭

참고!

여러 개의 파일을 선택하여 압축할 것입니다.

02 마우스 오른쪽 버튼을 클릭한 후 [보내기]-[압축폴더]를 클릭합니다.

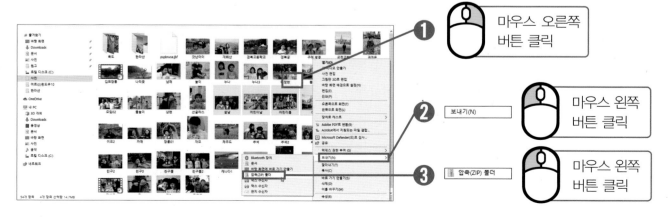

❶ 마우스 오른쪽 버튼 클릭

❷ 마우스 왼쪽 버튼 클릭

❸ 마우스 왼쪽 버튼 클릭

03 압축 파일의 이름이 블록으로 설정됩니다.

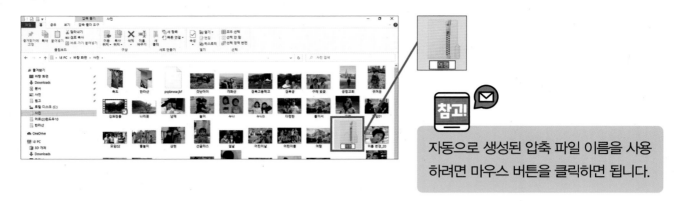

참고!

자동으로 생성된 압축 파일 이름을 사용
하려면 마우스 버튼을 클릭하면 됩니다.

04 새로운 압축 파일 이름(이 책에서는 '사진압축')을 입력한 후 [엔터(Enter)]
키를 누릅니다.

'사진압축' 입력한 후
[엔터(Enter)] 키 누름

팁! 다른 방법으로 압축하려면

01 압축할 파일을 선택한 후 **02** [공유] 탭을 클릭하고
03 [압축]을 클릭하면 **04** 압축 파일이 생성됩니다.

2) 압축된 파일 풀기 1(모든 압축 파일 풀기)

압축된 파일을 푸는 방법 중 하나는 모든 압축 파일을 푸는 것과 압축 파일 중 몇 개
의 파일만 푸는 방법이 있습니다. 여기서는 모든 압축 파일을 풀어 보겠습니다.

 압축 파일을 더블클릭합니다.

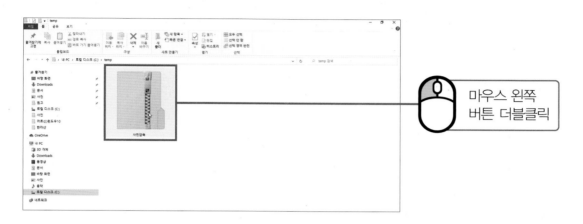

마우스 왼쪽
버튼 더블클릭

 압축 파일의 내용이 보이면 [압축 풀기]를 클릭합니다.

마우스 왼쪽
버튼 클릭

참고!

압축 파일을 더블클릭하면 [압축 풀기] 탭이 나타납니다.

03 압축을 풀어 저장할 폴더를 만들기 위해 [찾아보기]를 클릭합니다.

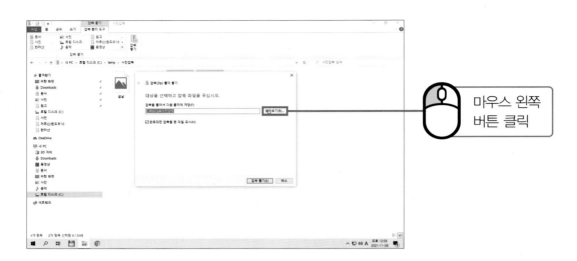

마우스 왼쪽
버튼 클릭

[압축 풀기]를 클릭하면 현재 보이는 폴더에 압축을 풉니다.

04 압축을 풀 드라이브를 클릭한 후 폴더를 만들기 위해 빈 공간을 마우스 오른쪽 버튼으로 클릭한 후 [새로 만들기]−[폴더]를 클릭합니다.

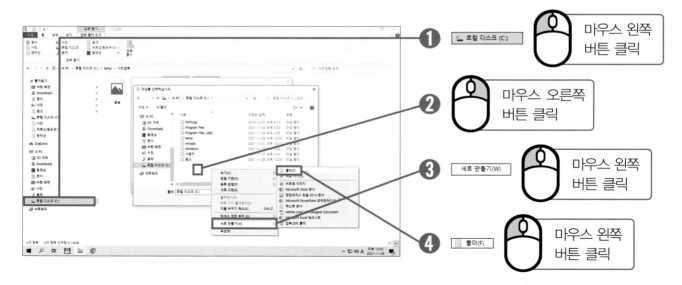

❶ 로컬 디스크 (C:) 마우스 왼쪽 버튼 클릭

❷ 마우스 오른쪽 버튼 클릭

❸ 새로 만들기(W) 마우스 왼쪽 버튼 클릭

❹ 폴더(F) 마우스 왼쪽 버튼 클릭

새 폴더가 만들어지면서 블록으로 설정됩니다.

 새로운 폴더의 이름(이 책에서는 '압축 풀기')을 입력한 후 [엔터(**Enter**)] 키 를 누른 후 [폴더 선택]을 클릭합니다.

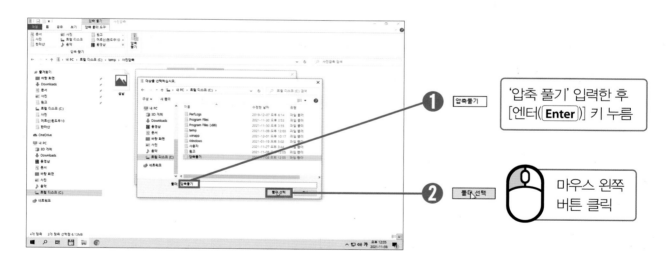

'압축 풀기' 입력한 후 [엔터(**Enter**)] 키 누름

마우스 왼쪽 버튼 클릭

압축 파일을 더블클릭하면 [압축 풀기] 탭이 나타납니다.

 [압축 풀기]를 클릭합니다.

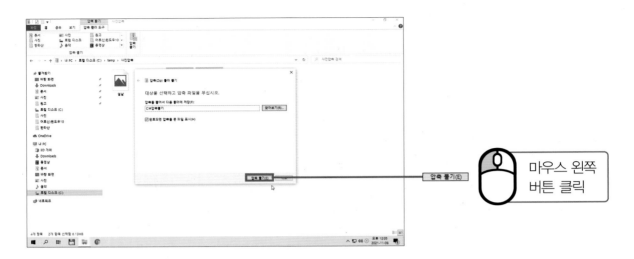

마우스 왼쪽
버튼 클릭

압축 풀기(E)

08 생성한 폴더에 압축이 풀립니다.

3) 압축된 파일 풀기 2(선택한 파일만 풀기)

전체 압축 파일 중에서 몇 개의 파일만 선택해서 압축을 풀어 보겠습니다.

 압축 파일을 더블클릭합니다.

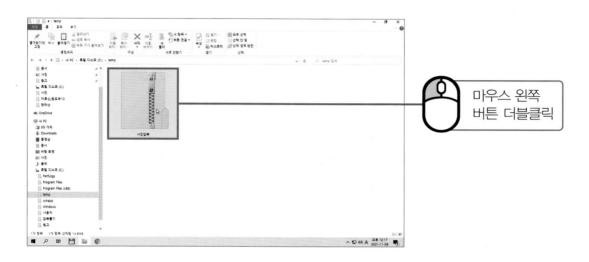

마우스 왼쪽
버튼 더블클릭

02 압축 파일의 내용이 보이면 압축을 풀 파일을 선택하기 위해 마우스 버튼을
빈 공간에 한 번 클릭한 후 드래그하여 압축을 풀 파일을 포함하는 사각형
을 그립니다.

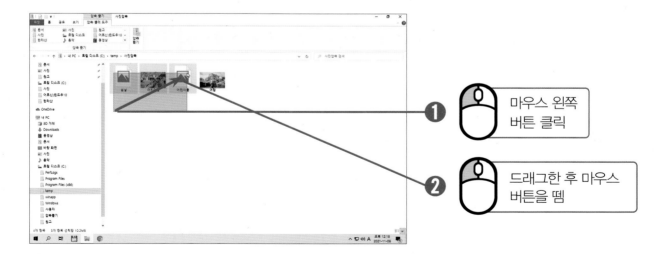

❶ 마우스 왼쪽
버튼 클릭

❷ 드래그한 후 마우스
버튼을 뗌

03 마우스 오른쪽 버튼을 클릭한 후 [복사]를 클릭한 후 압축을 풀어 저장할
폴더를 클릭합니다.

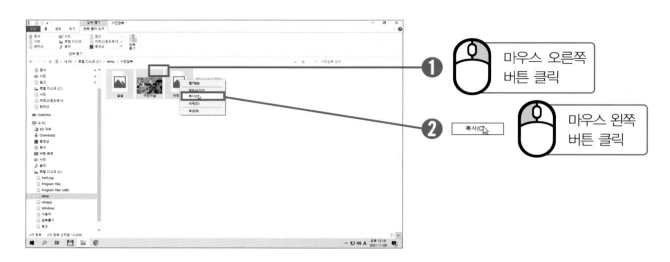

04 빈 공간을 마우스 오른쪽 버튼으로 클릭한 후 [붙여넣기]를 클릭합니다.

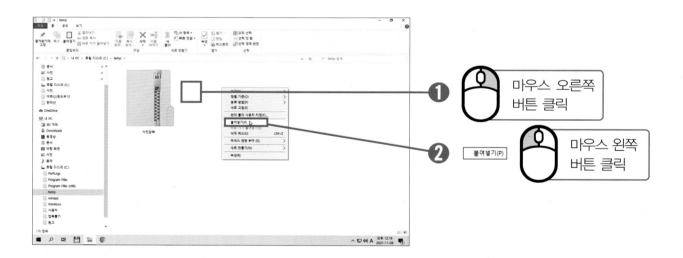

05 압축 파일에서 복사한 파일이 복사됩니다.

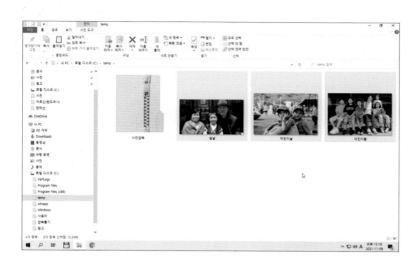

팁! 압축 프로그램

파일을 압축하거나 풀 수 있는 프로그램은 윈도우10에서 기본적으로 지원하는 프로그램도 있고 외부에서 설치한 프로그램을 사용할 수도 있습니다. 여기서는 윈도우10에서 기본적으로 지원하는 압축 도구로 설명했습니다.

윈도우10 기본 도구 압축 프로그램

외부 압축 프로그램

Section 10

파일 삭제하고 삭제한 파일 복원하기

불필요한 파일은 삭제를 해야 하드디스크의 용량을 확보하는 데 도움이 됩니다. 파일을 삭제하면 삭제한 파일은 휴지통으로 이동합니다. 휴지통을 비워야 완전하게 파일이 삭제되는 것입니다. 여기서는 삭제한 파일이나 실수로 파일을 삭제했을 경우 휴지통에서 파일을 복구해 보겠습니다.

01 바탕화면에 있는 삭제할 파일이 포함될 정도의 사각형을 마우스를 드래그합니다. 드래그하면 사각형 안의 파일들은 전부 선택됩니다. 파일이 선택되었으면 [딜리트(**Delete**)] 키를 눌러 삭제합니다.

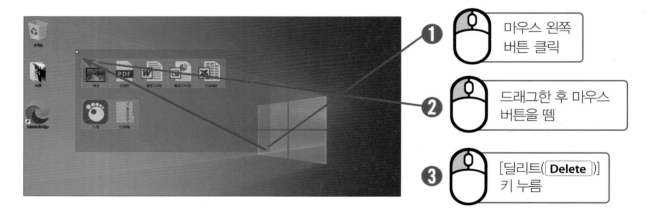

❶ 마우스 왼쪽 버튼 클릭

❷ 드래그한 후 마우스 버튼을 뗌

❸ [딜리트(**Delete**)] 키 누름

02 휴지통의 모양이 🗑로 바뀝니다. [휴지통]을 더블클릭합니다.

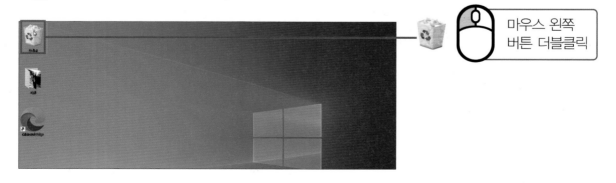

마우스 왼쪽 버튼 더블클릭

03 휴지통 안에는 삭제한 파일들이 들어 있습니다. 파일을 복구하기 위해 [휴지통 도구]–[모든 파일 복원]을 클릭합니다.

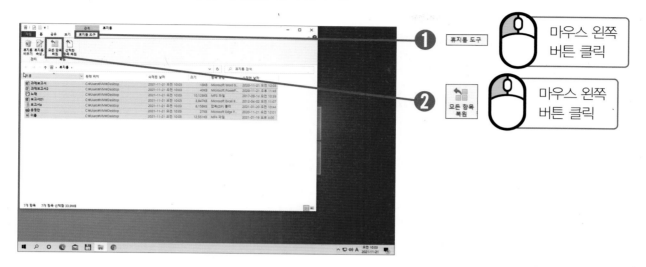

개별로 파일을 복구하려면 복구할 파일만을 클릭한 후 [휴지통 도구]–[선택한 항목 복원]을 클릭하면 됩니다.

04 휴지통 안의 파일들이 모두 복구되면서 휴지통에서는 삭제됩니다.
[닫기(×)]를 클릭하여 휴지통을 닫습니다.

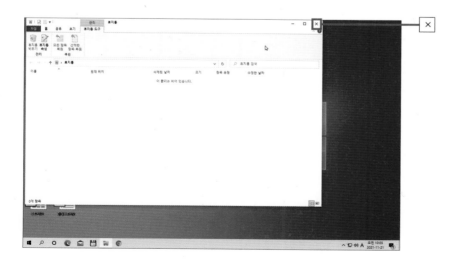

바탕화면에 휴지통에서 복구한 파일들이 다시 나타납니다.

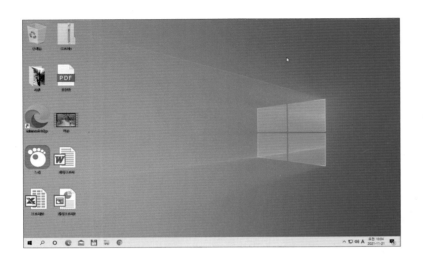

팁! 파일 한 번에 완전히 삭제하기

파일의 삭제는 휴지통에 넣은 후 [휴지통 비우기]를 해야 완전히 삭제됩니다.
파일을 삭제할 때 [시프트(Shift)] 키를 누른 채 파일을 삭제하면 [휴지통]을 거치지 않고 바로 삭제됩니다.
용량이 큰 파일도 휴지통을 거치지 않고 바로 삭제됩니다.

Section 11

파일 완전히 삭제하기

파일을 삭제하면 바로 삭제되지 않고 휴지통으로 이동합니다. 휴지통을 비워야 파일이 완전히 삭제됩니다. 휴지통을 비워서 파일을 완전히 삭제하는 방법을 알아보겠습니다.

01 삭제할 파일을 드래그하여 선택한 후 마우스 버튼을 클릭한 채 휴지통으로 이동합니다.

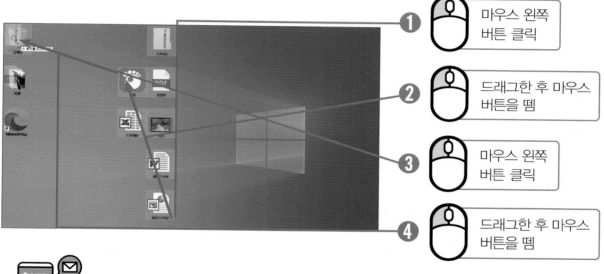

① 마우스 왼쪽 버튼 클릭

② 드래그한 후 마우스 버튼을 뗌

③ 마우스 왼쪽 버튼 클릭

④ 드래그한 후 마우스 버튼을 뗌

참고!

삭제할 파일을 선택한 후 마우스 오른쪽 버튼의 [삭제]를 누르거나 [딜리트([Delete])] 키를 눌러도 됩니다.

02 휴지통이 🗑 모양으로 변하면 휴지통을 마우스 오른쪽 버튼으로 클릭한 후 [휴지통 비우기]를 클릭합니다.

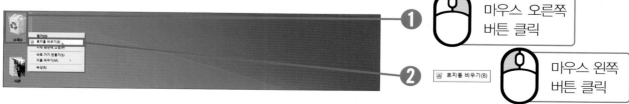

① 마우스 오른쪽 버튼 클릭

② 마우스 왼쪽 버튼 클릭

파일을 완전히 삭제하겠느냐는 메시지가 나타나면 [예]를 클릭합니다.

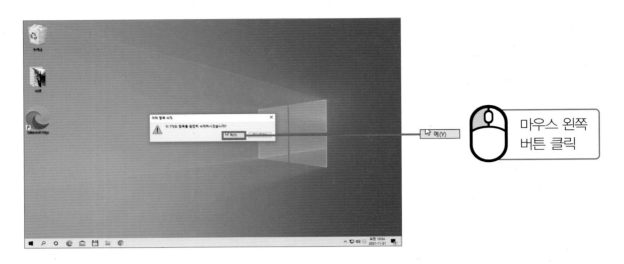

마우스 왼쪽
버튼 클릭

 파일들이 완전히 삭제되면서 휴지통이 로 바뀝니다.

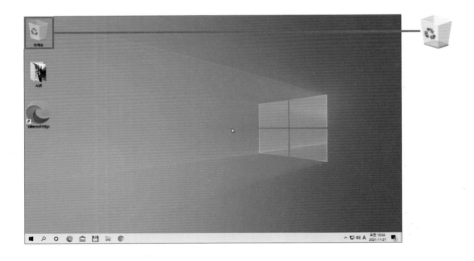

휴지통에서 비워진 파일은 복구할 수 없습니다.

USB 사용하기

USB는 이동식 기억 장치로 휴대성이 좋고 조작법도 간단해서 많이 사용하고 있습니다. 컴퓨터의 USB 포트에 연결만 하면 자동으로 인식해서 사용할 수 있습니다. 생성한 파일을 내 컴퓨터에서 다른 컴퓨터로 이동하는 방법 중의 하나로 USB를 사용하고 있습니다.

USB를 이용하여 파일을 복사하는 방법과 포맷하는 방법에 대해서 알아보겠습니다.

USB 이해하기

USB의 기본적인 사용법에 대해서 알아보겠습니다.

USB를 컴퓨터에 꽂으면 사용자의 컴퓨터에 따라서

- 화면상에 아무런 변화가 없이 탐색기를 실행해야 USB가 보이는 경우도 있고
- USB가 바로 열리는 경우도 있고
- 메뉴가 나타나는 경우도 있습니다.

USB로 파일을 복사(이동)할 때 원본 파일이 있는 드라이브와 복사, 붙여넣기를 할 드라이브를 헷갈리지 않도록 해야 합니다.

1) 컴퓨터에서 바로 열리는 경우

사용자의 컴퓨터에 따라서 USB를 꽂기만 해도 바로 탐색기의 창이 열리면서 USB의 내용이 보이는 경우도 있습니다.

2) USB 메뉴가 보이는 경우

01 USB를 꽂으면 [자동 실행] 메뉴가 나타나는데 클릭합니다.

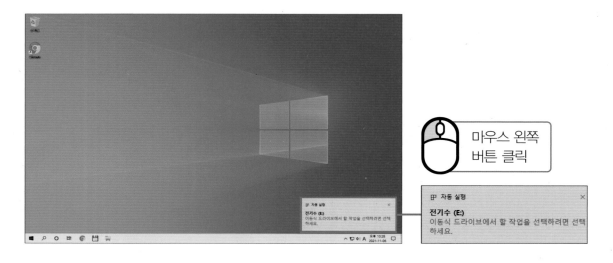

마우스 왼쪽
버튼 클릭

자동 실행   ×

전기수 (E:)
이동식 드라이브에서 할 작업을 선택하려면 선택
하세요.

02 USB 드라이브에서 사용할 명령이 나타나는데 [폴더를 열어 파일 보기]를
클릭합니다.

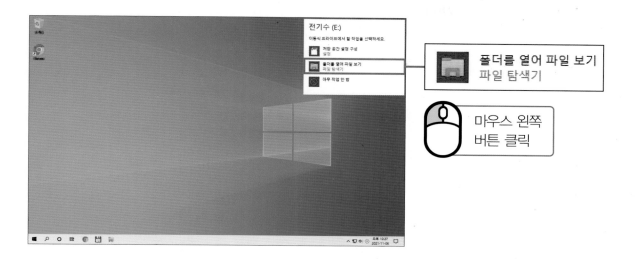

폴더를 열어 파일 보기
파일 탐색기

마우스 왼쪽
버튼 클릭

03 USB가 열리며 내용이 보입니다.

컴퓨터에서 USB로
파일 복사하기 1

컴퓨터에서 USB로 파일을 복사하는 방법은 두 가지가 있는데 여기서는 가장
빠르게 파일을 복사하는 방법에 대해서 알아보겠습니다.

01 [탐색기]를 클릭하여 실행합니다.

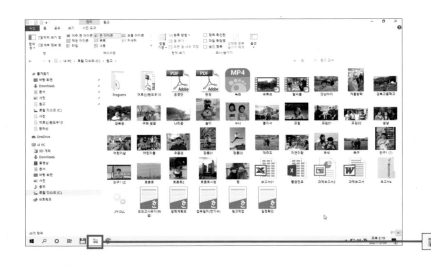

마우스 왼쪽
버튼 클릭

02 USB를 컴퓨터의 USB 포트에 꽂습니다.

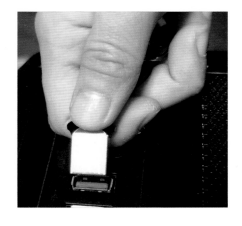

컴퓨터 본체에 USB를 꽂을 수 있게 되
어 있는 곳을 'USB 포트'라고 합니다.

03 E 드라이브(전기수)가 나타납니다. 복사할 파일을 선택하기 위해 파일의 여백을 클릭한 후 드래그하여 파일이 선택될 만큼의 사각형을 그려 줍니다.

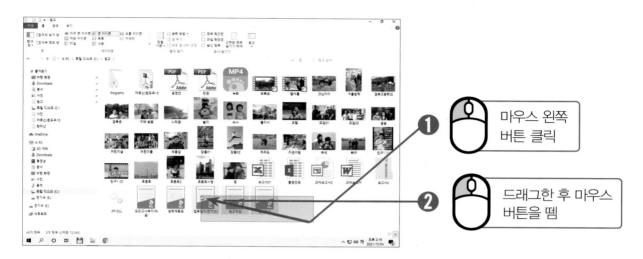

❶ 마우스 왼쪽 버튼 클릭

❷ 드래그한 후 마우스 버튼을 뗌

 참고!

여기서는 E 드라이브의 볼륨 이름이 '전기수'입니다. 파일을 선택하기 위해 [시프트(Shift)] 키나 [컨트롤 (Ctrl)] 키를 누른 채 마우스 버튼을 클릭하여 선택해도 됩니다.

04 마우스 오른쪽 버튼을 클릭한 후 [보내기]–[E 드라이브](이 책에서는 '전기 수 E')를 클릭하면 선택한 파일이 USB로 복사됩니다.

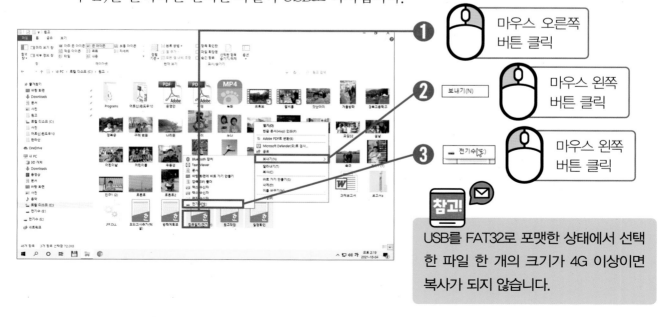

❶ 마우스 오른쪽 버튼 클릭

보내기(N)
❷ 마우스 왼쪽 버튼 클릭

전기수(E:)
❸ 마우스 왼쪽 버튼 클릭

참고!

USB를 FAT32로 포맷한 상태에서 선택한 파일 한 개의 크기가 4G 이상이면 복사가 되지 않습니다.

05 [E 드라이브]를 클릭하면 C 드라이브에서 보낸 파일이 있습니다.

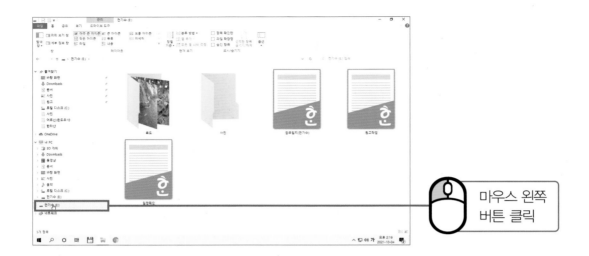

마우스 왼쪽
버튼 클릭

Section 03

컴퓨터에서 USB로
파일 복사하기 2

컴퓨터에서 파일을 복사하여 USB에 폴더를 만들고 새 이름
으로 변경한 후 붙여넣기를 해 보겠습니다.

01 [탐색기]를 클릭하여 실행한 후 USB를 컴퓨터의 USB 포트에 꽂습니다.

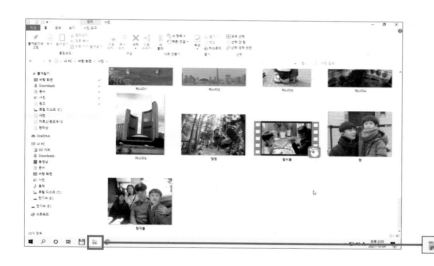

마우스 왼쪽
버튼 클릭

02 복사할 파일을 [컨트롤([Ctrl])] 키를 누른 채 차례로 클릭하여 선택합니다.

[컨트롤([Ctrl])] 키를 누른 채
차례로 마우스 왼쪽 버튼 클릭

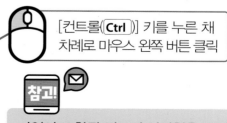

참고!

파일이 포함될 정도의 사각형을 그려서
선택해도 됩니다.

마우스 오른쪽 버튼을 클릭한 후 [복사]를 클릭합니다.

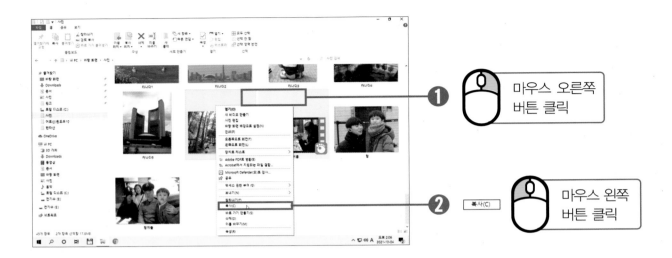

❶	마우스 오른쪽 버튼 클릭
❷ 복사(C)	마우스 왼쪽 버튼 클릭

04 [USB]를 클릭한 후 보기 화면에서 마우스 오른쪽 버튼을 클릭하여 [새로 만들기]-[폴더]를 클릭합니다.

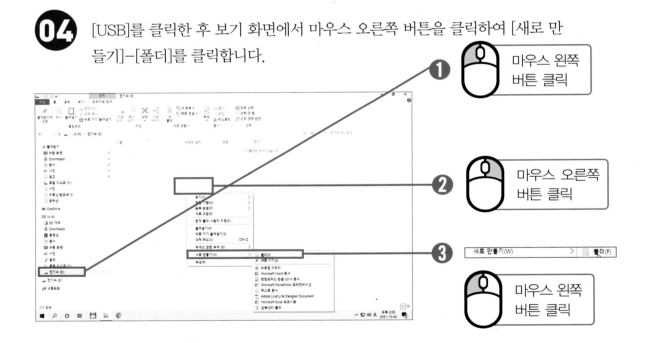

❶	마우스 왼쪽 버튼 클릭
❷	마우스 오른쪽 버튼 클릭
❸ 새로 만들기(W) ▶ 폴더(F)	마우스 왼쪽 버튼 클릭

05 새 폴더가 블록으로 설정되면 새로운 폴더의 이름(이 책에서는 '사진')을 입
력한 후 [엔터([Enter])] 키를 누릅니다.

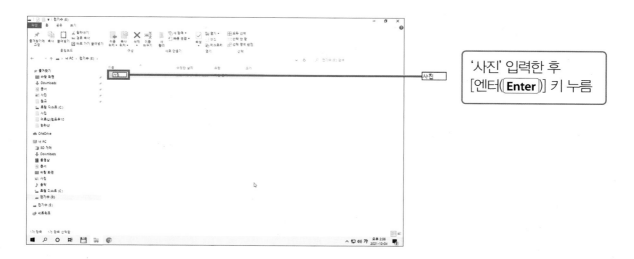

'사진' 입력한 후
[엔터([Enter])] 키 누름

참고!

폴더의 이름이 블록으로 설정되지 않으면 마우스로 폴더의 이름을 클릭하여 블록으로 설정합니다.

06 새로운 폴더 안에서 마우스 오른쪽 버튼을 클릭한 후 [붙여넣기]를 클릭합
니다.

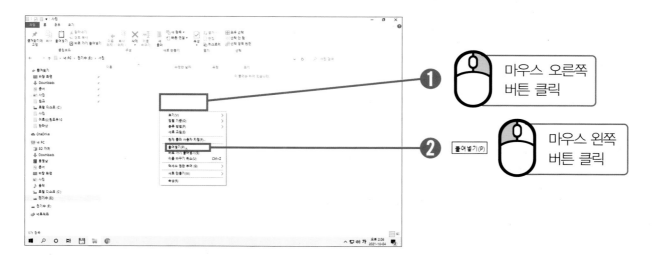

❶ 마우스 오른쪽
버튼 클릭

❷ 마우스 왼쪽
버튼 클릭

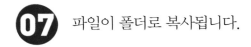 파일이 폴더로 복사됩니다.

파일의 복사 속도

컴퓨터에서 USB로 파일을 복사하거나 USB에서 컴퓨터로 파일을 복사할 때는 USB의 속도와 컴퓨터에 있는 USB의 포트에 따라 속도가 달라집니다.

USB는 USB 2.0과 USB 3.0이 있는데 USB 2.0은 검정색 USB 3.0은 파란색으로 되어 있습니다.

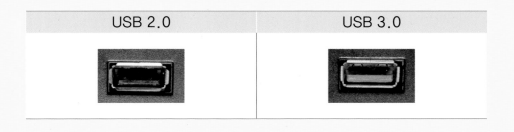

USB 2.0	USB 3.0

Section 04

USB에서 컴퓨터로 파일 복사하기

USB에 있는 파일을 컴퓨터로 복사해 보겠습니다.

01 USB 드라이브를 클릭한 후 복사할 파일이 있는 폴더를 더블클릭합니다.

❶ 마우스 왼쪽 버튼 클릭

❷ 마우스 왼쪽 버튼 더블클릭

02 파일을 선택하기 위해 선택할 파일이 있는 빈 공간을 클릭한 후 드래그하여 파일이 선택될 만큼의 사각형을 그립니다.

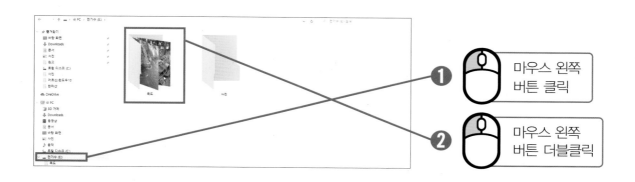

❶ 마우스 왼쪽 버튼 클릭

❷ 드래그한 후 마우스 버튼을 뗌

참고! 📧

파일을 선택하기 위해 [시프트(Shift)] 키나 [컨트롤(Ctrl)] 키를 누른 채 마우스 버튼을 클릭하여 선택해도 됩니다.

03 마우스 오른쪽 버튼을 클릭한 후 [복사]를 클릭합니다.

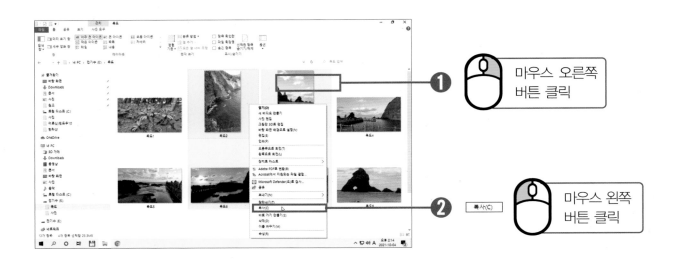

마우스 오른쪽
버튼 클릭 ❶

❷ 복사(C) 마우스 왼쪽
버튼 클릭

04 복사한 파일을 붙여넣기할 드라이브와 폴더를 클릭합니다. 빈 공간을 마우
스 오른쪽 버튼을 클릭한 후 [새로 만들기]-[폴더]를 클릭합니다.

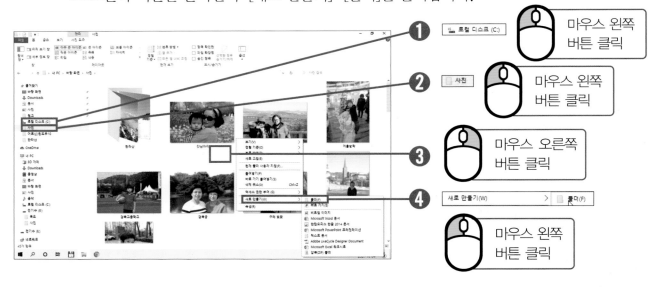

❶ 로컬 디스크 (C:) 마우스 왼쪽
버튼 클릭

❷ 사진 마우스 왼쪽
버튼 클릭

❸ 마우스 오른쪽
버튼 클릭

❹ 새로 만들기(W) > 폴더(F)

마우스 왼쪽
버튼 클릭

05 새로운 폴더가 만들어지면서 폴더의 이름이 블록으로 설정됩니다.

새 폴더

 참고!

폴더의 이름이 블록으로 설정되지 않으면 마우스로 폴더의 이름을 클릭하여 블록으로 설정합니다.

06 이름(이 책에서는 '독도사진')을 입력한 후 [엔터([Enter])] 키를 누릅니다.

'독도사진' 입력한 후
[엔터([Enter])] 키 누름

폴더의 이름이 생성되면 폴더를 더블클릭합니다.

마우스 왼쪽
버튼 더블클릭

08 폴더의 빈 공간을 마우스 오른쪽 버튼으로 클릭한 후 [붙여넣기]를 클릭합니다.

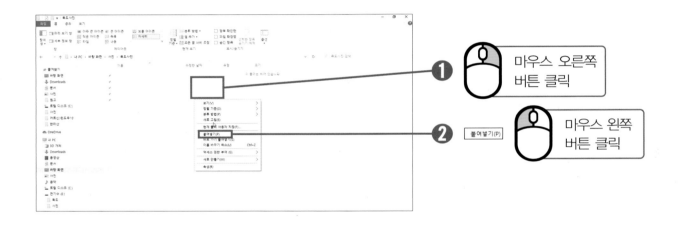

❶ 마우스 오른쪽
버튼 클릭

❷ 마우스 왼쪽
버튼 클릭

09 USB에서 복사한 파일이 붙여 넣어집니다.

Section 05

USB 안전하게 제거하기

USB를 컴퓨터에서 제거할 때 그냥 제거하게 되면 USB가 손상을 입을 수 있습니다. USB를 안전하게 컴퓨터에서 제거하는 방법에 대해 알아보겠습니다.

01 작업 표시줄의 [숨겨진 메뉴 표시(⌃)]를 클릭한 후 🔲를 클릭하고 [USB Flash Disk 꺼내기]를 클릭합니다.

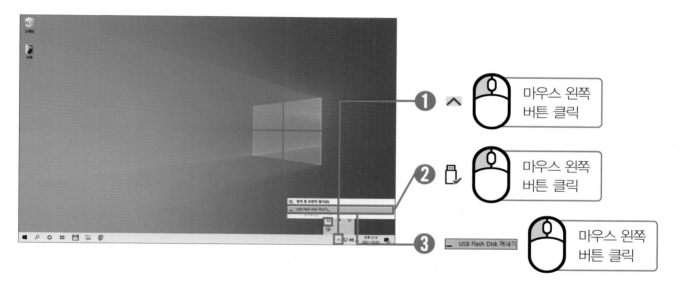

❶ ⌃ — 마우스 왼쪽 버튼 클릭

❷ 🔲 — 마우스 왼쪽 버튼 클릭

❸ ▭ USB Flash Disk 꺼내기 — 마우스 왼쪽 버튼 클릭

02 하드웨어가 안전하게 제거되었다는 메시지가 나타납니다.

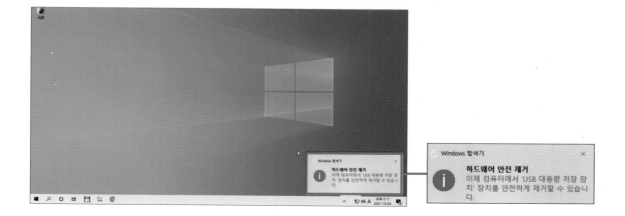

Windows 탐색기 ✕

하드웨어 안전 제거
이제 컴퓨터에서 'USB 대용량 저장 장치' 장치를 안전하게 제거할 수 있습니다.

제 04장 **USB 사용하기** / 171

[탐색기]를 클릭하여 실행해 보면 USB 드라이브(E:)가 제거된 것을 알 수 있습니다.

팁! **USB 장치 제거 중 문제 발생 시**

USB 장치를 꺼내는 동안 문제가 발생했다는 메시지가 나타나면 다시 한 번 USB 제거하기 과정을 실행하면 해결될 수 있습니다.

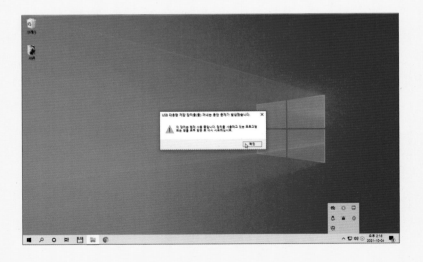

USB 포맷하기

USB를 사용하다가 새롭게 사용하려 할 경우 포맷을 해야
합니다. USB를 포맷할 때는 USB에 보관하여 사용할 데이
터를 다른 곳에 복사해 놓은 후 해야 합니다.

01 [탐색기]를 클릭하여 실행한 후 USB를 컴퓨터의 USB 포트에 꽂습니다.

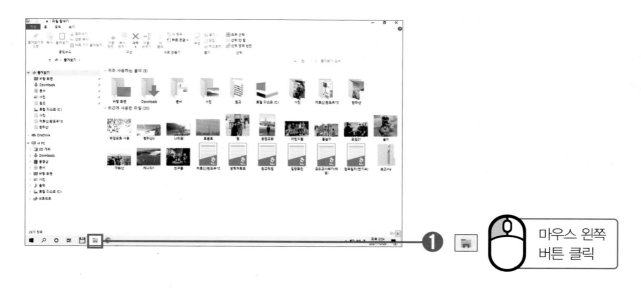

➊ 마우스 왼쪽
버튼 클릭

02 [USB 드라이브]를 마우스 오른쪽 버튼을 클릭한 후 [포맷]을 클릭합니다.

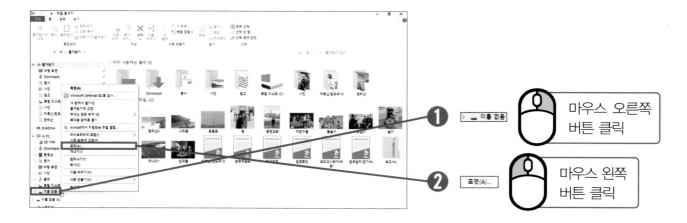

➊ 마우스 오른쪽
버튼 클릭

➋ 마우스 왼쪽
버튼 클릭

03 포맷창이 나타납니다.

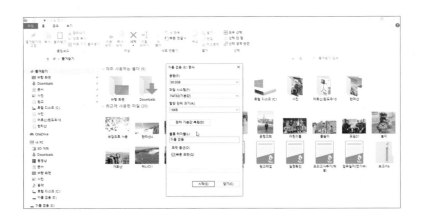

04 [할당 단위 크기]를 클릭하여 [기본 할당 크기]를 클릭합니다.

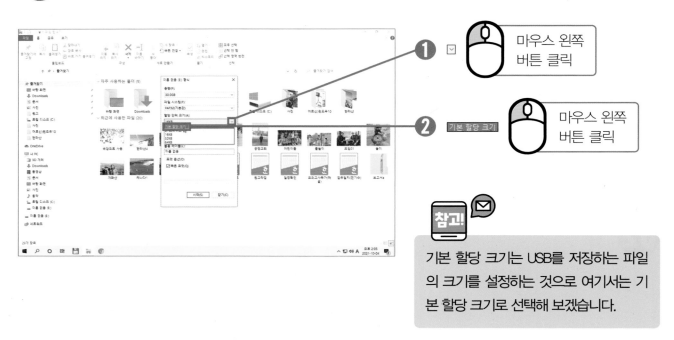

① 마우스 왼쪽 버튼 클릭

기본 할당 크기

② 마우스 왼쪽 버튼 클릭

참고!

기본 할당 크기는 USB를 저장하는 파일의 크기를 설정하는 것으로 여기서는 기본 할당 크기로 선택해 보겠습니다.

팁! 할당 단위 크기

USB에 파일을 담을 때 어느 정도 크기와 얼마나 빠르게 파일을 복사할 수 있는지를 선택하는 것인데 일반적으로 FAT32와 NTFS 두 가지를 사용합니다.

• **FAT32** : 안정적이고 호환성이 좋아 일반적으로 많이 사용하며 파일 한 개의 최대 크기는 4G까지 지원합니다.

• **NTFS** : 윈도우에 최적화되어 속도가 빠르고 4G보다 큰 파일도 복사할 수 있지만 호환성이 떨어집니다.

05 [볼륨 레이블] 입력란을 클릭하여 블록으로 설정합니다.

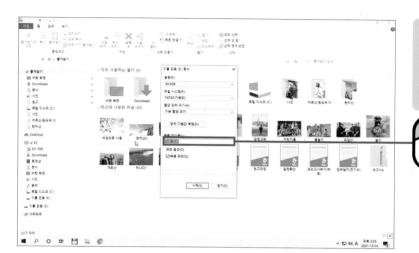

참고! 볼륨 레이블은 USB를 꽂으면 나타나는 이름입니다. 이 책에서는 다른 이름(전기수)으로 변경해 보겠습니다.

마우스 왼쪽 버튼 클릭

06 볼륨 레이블 이름을 입력한 후 [시작(s)] 버튼을 클릭합니다.

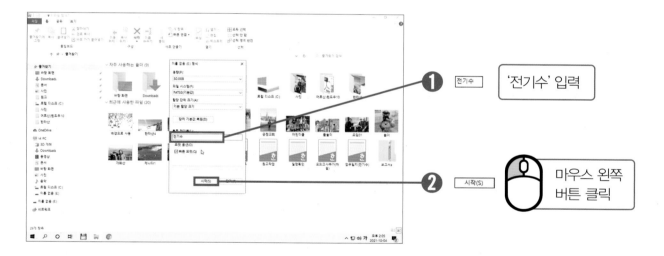

1 전기수 → '전기수' 입력

2 시작(S) → 마우스 왼쪽 버튼 클릭

참고!

[빠른 포맷]이 체크(☑)되어 있지 않다면 포맷 시간이 많이 소요됩니다.

포맷 경고 창이 나타나면 주의 사항을 읽은 후 [확인]을 클릭합니다.

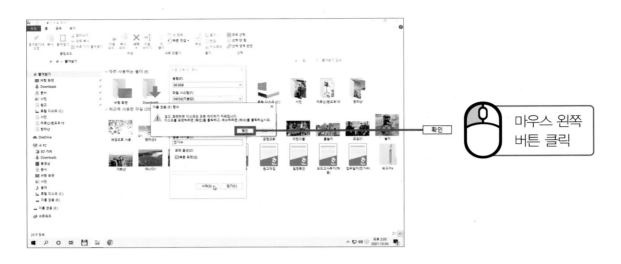

마우스 왼쪽
버튼 클릭

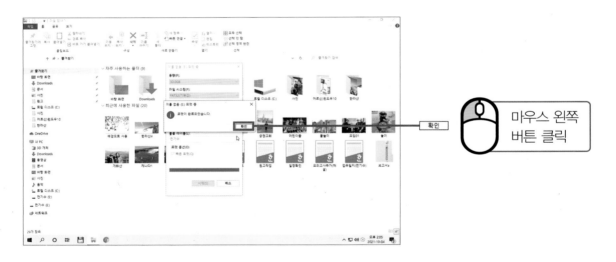

08 포맷이 완료되면 [확인]을 클릭합니다.

마우스 왼쪽
버튼 클릭

E 드라이브의 이름이 변경됩니다.

제 05장
기본 앱
사용하기

윈도우10에서는 다양한 기능의 앱(프로그램)을 지원하고 있습니다. 여기서는 날씨, 뉴스, 메일, 화면 캡처 등의 프로그램 사용법에 대해서 알아보겠습니다.

Section 01

오늘의 날씨 보기

오늘의 날씨 앱은 현재 있는 지역의 날씨를 인터넷 검색을 하지 않고 한 번에 볼 수 있게 해 줍니다. 여러 지역의 날씨를 볼 수 있고 강수량이나 습도 등도 알 수 있습니다.

01 [시작(⊞)] 버튼을 클릭한 후 [날씨]를 클릭합니다.

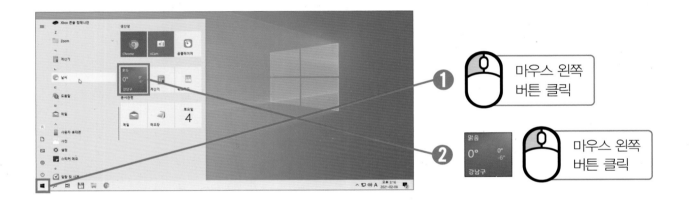

① 마우스 왼쪽 버튼 클릭

② 마우스 왼쪽 버튼 클릭

02 기본적으로 세팅되어 있는 지역의 날씨가 나타납니다. [즐겨찾기]를 클릭합니다.

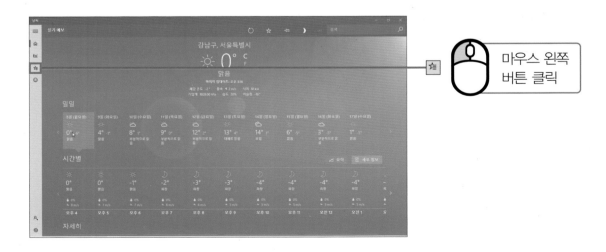

마우스 왼쪽 버튼 클릭

새로운 장소를 지정하기 위해 [좋아하는 장소]를 클릭합니다.

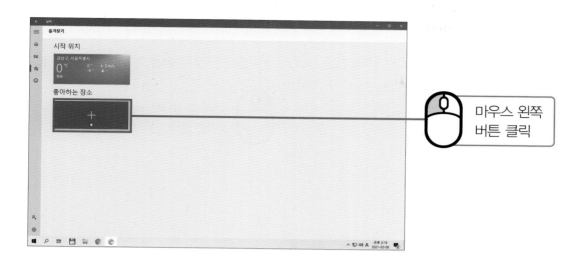

마우스 왼쪽
버튼 클릭

04 [지역 검색] 입력란에 추가하고 싶은 지역의 이름(이 책에서는 '파주')을 입력한 후 [검색]을 클릭합니다.

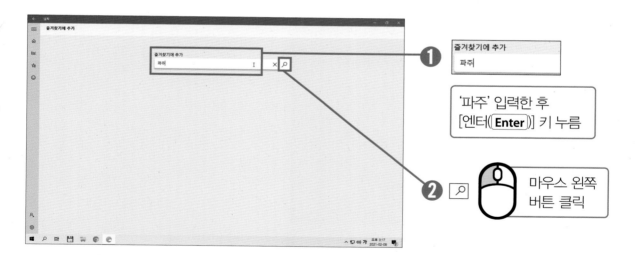

즐겨찾기에 추가

파주

'파주' 입력한 후
[엔터([Enter])] 키 누름

마우스 왼쪽
버튼 클릭

좋아하는 장소가 추가됩니다. 좋아하는 장소의 [일기 예보]를 클릭합니다.

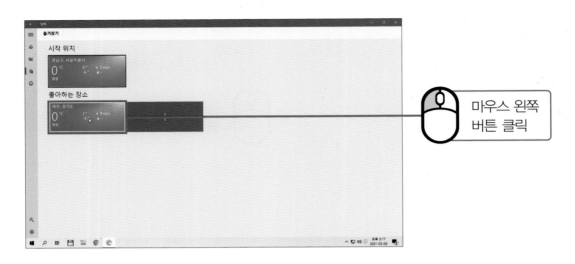

마우스 왼쪽
버튼 클릭

06 새로 추가한 지역의 일기 예보가 나타납니다.

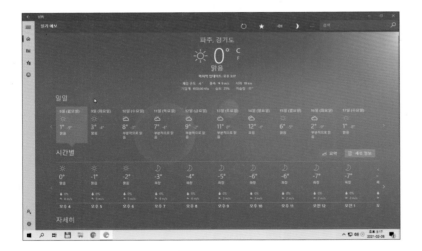

07 마우스 휠을 아래로 굴려 화면을 아래로 내리면 자세한 일기 예보가 나타납니다. [과거 날씨]를 클릭합니다.

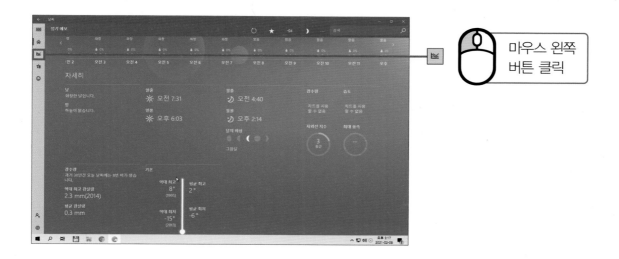

마우스 왼쪽
버튼 클릭

08 선택한 지역의 과거의 기온과 강수량, 눈 온 날 등을 볼 수 있습니다.

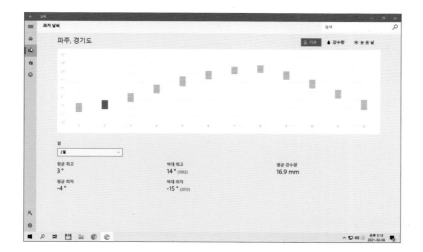

Section

02

뉴스 보기

뉴스 보기는 다양한 종류의 뉴스를 볼 수 있으며 사용자가 보고 싶어 하는 분야의 뉴스만 한 곳으로 모아서 볼 수도 있고 특정한 단어를 가진 뉴스를 모아서도 볼 수 있습니다.

1) 뉴스 보기

01 [시작(■)] 버튼을 클릭한 후 시작화면에 있는 [뉴스]를 클릭합니다.

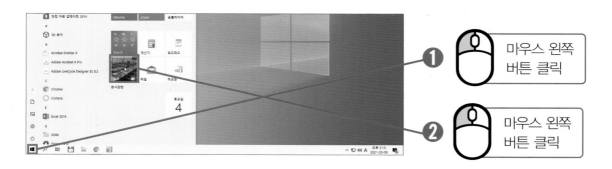

① 마우스 왼쪽 버튼 클릭

② 마우스 왼쪽 버튼 클릭

02 다양한 종류의 뉴스가 보입니다.

03 화면을 아래로 내려 보고 싶은 뉴스를 클릭합니다.

마우스 왼쪽
버튼 클릭

참고!

자신이 보고 싶은 뉴스를 클릭하면 됩니다.

2) 링크 복사해서 카카오톡으로 보내기

다른 사람에게도 보여 주고 싶은 뉴스의 링크를 카카오톡이나 메일 등으로 보낼 수 있습니다. 여기서는 뉴스의 링크를 컴퓨터에 설치된 카카오톡으로 보내 보겠습니다.

01 [링크 복사]를 클릭한 후 카카오톡을 실행합니다.

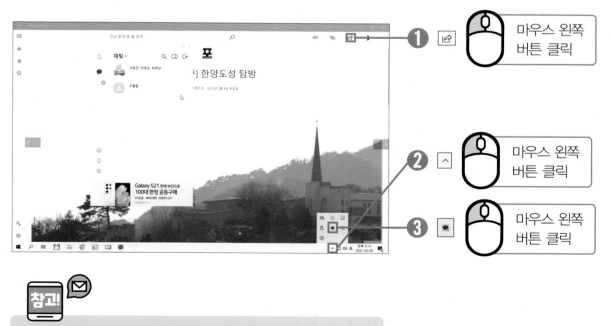

❶ 마우스 왼쪽
버튼 클릭

❷ 마우스 왼쪽
버튼 클릭

❸ 마우스 왼쪽
버튼 클릭

참고!

카카오톡을 실행하는 방법은 사용자에 따라서 다릅니다.

02 링크를 보낼 사람을 더블클릭한 후 대화창이 나타나면 [내용] 입력란을 클릭한 후 마우스 오른쪽 버튼을 클릭하여 [붙여넣기]를 클릭합니다.

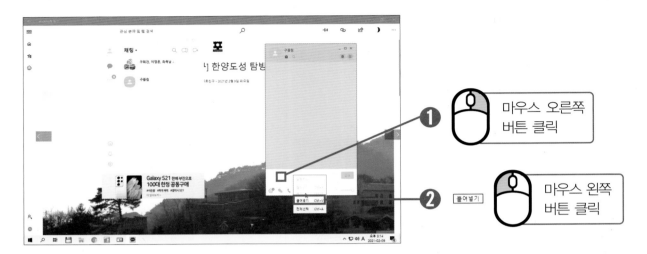

❶ 마우스 오른쪽 버튼 클릭

❷ 마우스 왼쪽 버튼 클릭

03 링크가 복사되면 [전송]을 클릭합니다.

마우스 왼쪽 버튼 클릭

3) 관심 분야 추가하기

뉴스 중에서 관심 분야를 추가해 보겠습니다.

01 화면 왼쪽의 [관심 분야]를 클릭합니다.

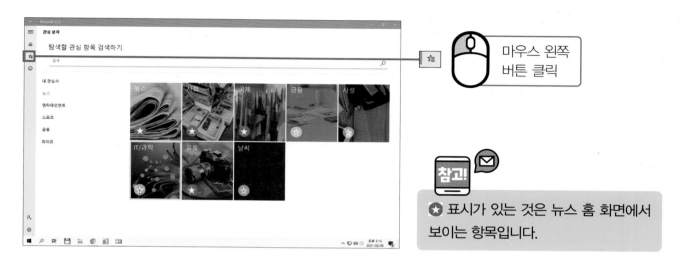

마우스 왼쪽
버튼 클릭

참고!

⭐ 표시가 있는 것은 뉴스 홈 화면에서
보이는 항목입니다.

02 관심 있는 항목(이 책에서는 'IT/ 과학, 금융')을 클릭합니다.

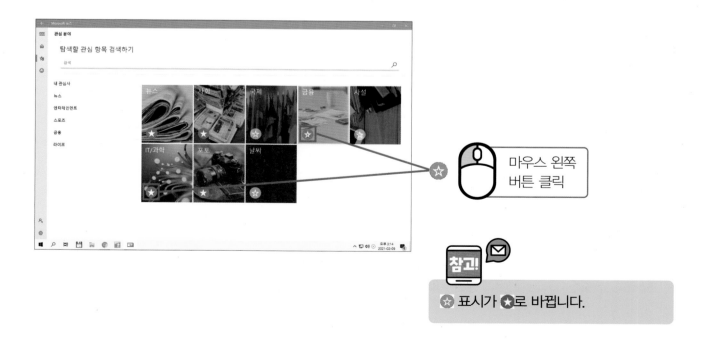

마우스 왼쪽
버튼 클릭

참고!

⭐ 표시가 ⭐로 바뀝니다.

03 클릭한 후 관심 있는 항목(프로 야구)을 클릭합니다.

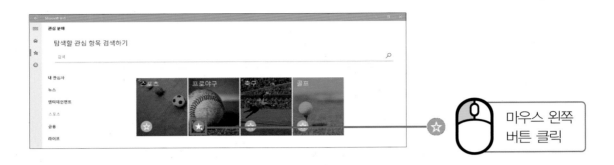

마우스 왼쪽
버튼 클릭

04 [라이프]를 클릭한 후 [자동차]를 클릭합니다.

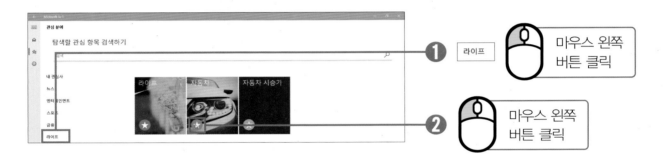

라이프

❶ 마우스 왼쪽
버튼 클릭

❷ 마우스 왼쪽
버튼 클릭

05 [뉴스 홈]을 클릭하여 홈 화면으로 돌아오면 선택한 항목들이 새로 생성됩
니다.

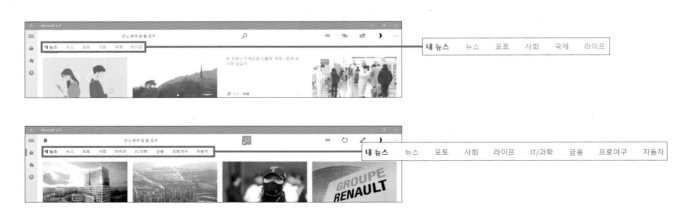

내 뉴스   뉴스   포토   사회   국제   라이프

내 뉴스   뉴스   포토   사회   라이프   IT/과학   금융   프로야구   자동차

4) 검색어 추가하기

특정 단어가 들어간 뉴스만을 모아서 한 개의 항목으로 만들어 보겠습니다.

01 [관심 분야 및 웹 검색] 입력란을 클릭합니다.

관심 분야 및 웹 검색

마우스 왼쪽
버튼 클릭

02 뉴스를 보고 싶은 단어(이 책에서는 '트로트')를 입력한 후 [검색]을 클릭합니다.

1 트로트   '트로트' 입력

2   마우스 왼쪽
버튼 클릭

03 검색어와 관련된 뉴스들이 모아지면 [관심 분야 추가]를 클릭합니다.

마우스 왼쪽
버튼 클릭

04 뉴스 홈을 클릭하여 홈 화면으로 돌아오면 관심 분야 추가 항목이 새로 생
성됩니다.

트로트

5) 작업 표시줄에 추가하고 시작화면에 추가하기

특정 분야의 뉴스를 윈도우10의 작업 표시줄과 시작화면에 추가해 보겠습니다.

01 [고정]을 클릭한 후 [시작 메뉴에 '트로트' 고정]을 클릭합니다.

02 시작 메뉴에 고정하겠느냐는 메시지가 나타나면 [예]를 클릭합니다.

03 [시작(⊞)] 버튼을 클릭하면 시작 메뉴에 선택한 분야의 뉴스 타일이 생성됩니다.

마우스 왼쪽
버튼 클릭

04 [고정]을 클릭한 후 [작업 표시줄에 뉴스 앱 고정]을 클릭합니다.

❶ 마우스 왼쪽
버튼 클릭

작업 표시줄에 뉴스 앱 고정 ❷ 마우스 왼쪽
버튼 클릭

05 작업 표시줄에 고정하겠느냐는 메시지가 나오면 [예]를 클릭한 후 [닫기]를 클릭합니다.

마우스 왼쪽
버튼 클릭

06 작업 표시줄에 뉴스 앱 아이콘이 생성됩니다.

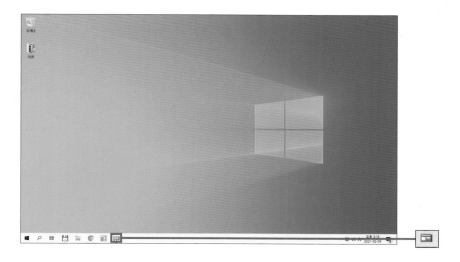

작업 표시줄의 뉴스 앱 아이콘을 클릭하면 뉴스 앱이 실행되면서 설정한 분야의 뉴스를 보여 줍니다.

Section

03

계산기 사용하기

윈도우10에서 제공하는 계산기는 일반적인 계산도 되지만 공학용, 그래프, 프로그램용 계산도 가능하고 길이나, 무게, 부피, 환율 등의 환산도 가능합니다.

1) 사칙 연산 계산하기

일반적인 사칙 연산 계산을 해 보겠습니다.

01 [시작(■)] 버튼을 클릭한 후 프로그램 목록에서 [계산기]를 클릭합니다.

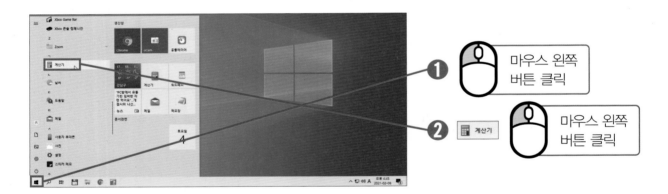

마우스 왼쪽 버튼 클릭

마우스 왼쪽 버튼 클릭

02 계산기가 실행됩니다.

03 마우스로 화면의 숫자를 누르거나 키보드의 키패드에서 사용할 숫자와 연산을 누릅니다. 계산이 끝나면 [CE]를 클릭하여 계산 내용을 삭제합니다. 다른 연산도 해 본 후 를 클릭합니다.

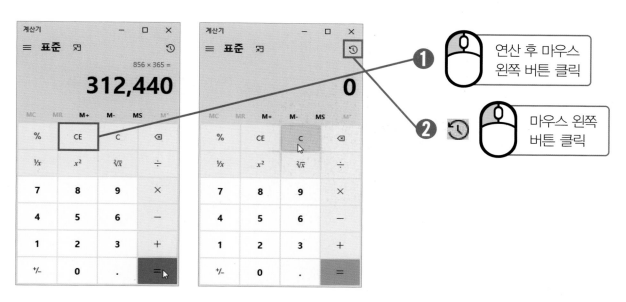

① 연산 후 마우스 왼쪽 버튼 클릭

② 마우스 왼쪽 버튼 클릭

참고!

계산기를 사용하는 방법은 계산기에서 숫자를 누르거나, 키보드에서 숫자를 누른 후 연산기호(+, −, ×, ÷)를 누르거나, 키보드의 [엔터(Enter)] 키를 누르거나, 계산기에서 [=]을 눌러도 됩니다.

04 이전에 연산했던 기록이 나타납니다. [지우기]를 클릭하면 연산했던 기록이 삭제됩니다.

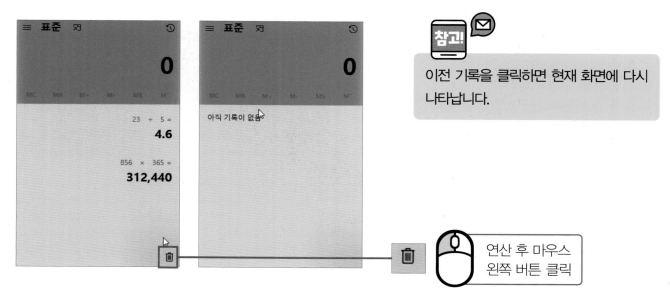

참고!

이전 기록을 클릭하면 현재 화면에 다시 나타납니다.

연산 후 마우스 왼쪽 버튼 클릭

2) 변환기 이용하기

계산기에 있는 변환 기능을 이용하여 통화 환율과 면적을 계산해 보겠습니다.

 ☰를 클릭한 후 [통화 환율]을 클릭합니다.

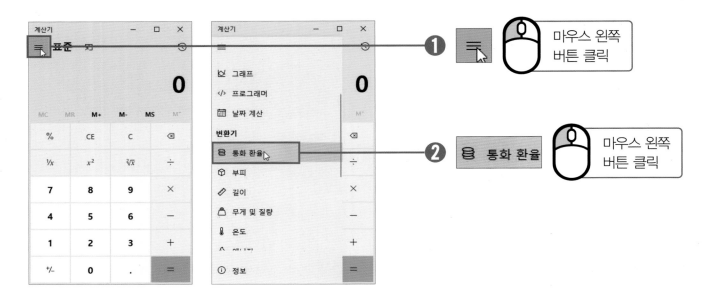

02 기준이 되는 통화를 정하기 위해 ⌄를 클릭한 후 [한국−원]을 클릭합니다.

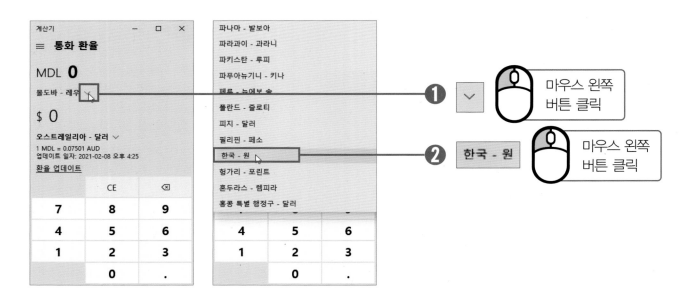

03 비교되는 통화를 정하기 위해 ✓를 클릭한 후 [미국–달러]를 클릭합니다.

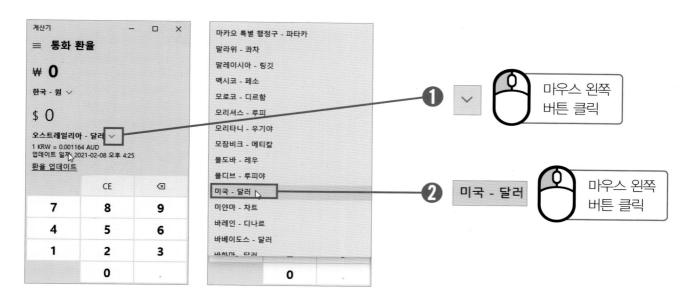

04 현재의 시세로 하기 위해 [환율 업데이트]를 클릭한 후 숫자를 입력하면 비교 통화가 자동으로 변환됩니다.

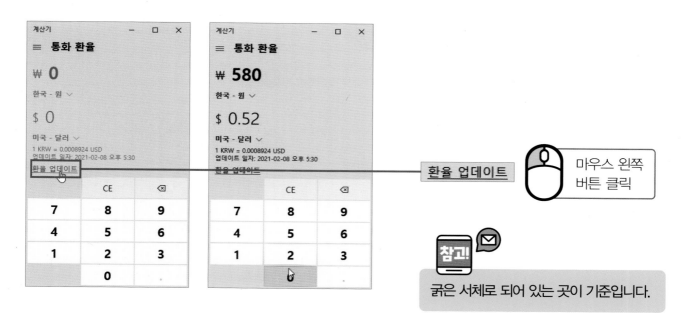

참고! 굵은 서체로 되어 있는 곳이 기준입니다.

[CE]를 클릭하여 내용을 지운 후 ☰를 클릭하여 [면적]을 클릭합니다.

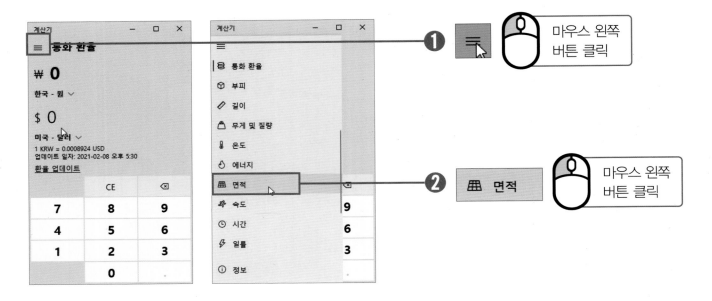

06 기준이 되는 면적을 설정하기 위해 ∨를 클릭한 후 [평]을 클릭합니다.

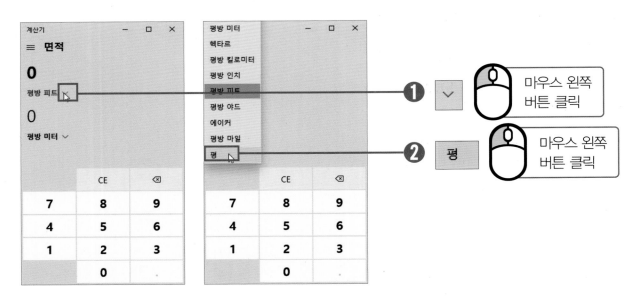

07 숫자를 입력하면 비교되는 면적 단위에 변환된 숫자가 나타납니다. [CE]를 클릭하여 내용을 지운 후 ☰를 클릭하여 [계산기]−[표준]을 클릭합니다.

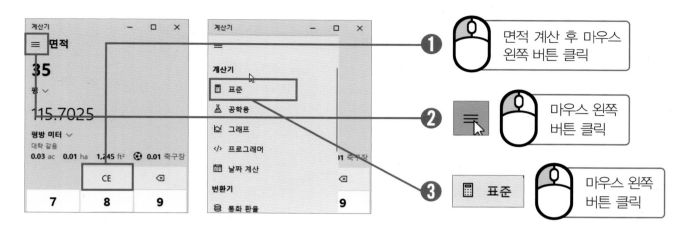

❶ 면적 계산 후 마우스 왼쪽 버튼 클릭

❷ 마우스 왼쪽 버튼 클릭

❸ 마우스 왼쪽 버튼 클릭

08 표준 계산기 화면으로 전환됩니다.

참고!
만약 비교되는 면적 단위가 없다면 ∨ 를 클릭한 후 변환에 사용할 면적 단위를 클릭합니다.

팁! 계산기에서 지원하는 계산 양식

표준	공학용	그래프	프로그래머	날짜계산	통화환율
부피	길이	무게 및 질량	온도	에너지	면적
속도	시간	일률	데이터	압력	각도

Section

04

메일 사용하기

윈도우10에서는 메일 계정을 등록해서 웹브라우저를 이용하지 않고도 빠르고 편하게 메일을 관리할 수 있습니다. 메일 계정을 추가하고 받은 메일을 읽고 파일을 첨부해서 답장을 보내도록 하겠습니다.

1) 메일 계정 추가하기

네이버 메일 계정을 추가해 보겠습니다.

 [시작(■)] 버튼을 클릭한 후 시작화면에서 [메일]을 클릭하거나 작업 표시줄의 [메일]을 클릭합니다.

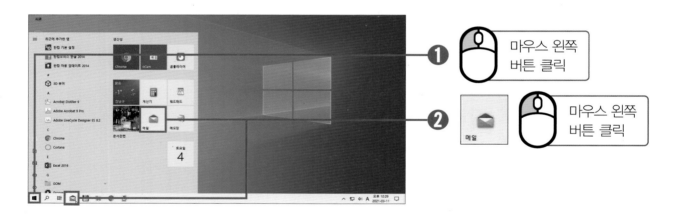

01 [다른 계정]을 클릭합니다.

03 사용하고 있는 네이버의 [전자 메일 주소], [이 이름으로 메시지 보내기], [암호]를 차례로 입력한 후 [로그인]을 클릭합니다.

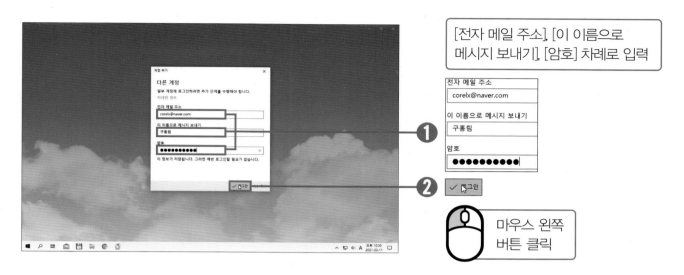

[전자 메일 주소], [이 이름으로 메시지 보내기], [암호] 차례로 입력

전자 메일 주소
corelx@naver.com

이 이름으로 메시지 보내기
구홍림

암호
●●●●●●●●●●●

①

✓ 로그인 ②

마우스 왼쪽 버튼 클릭

[이 이름으로 메시지 보내기]는 메일을 보낼 때 보낸 사람의 이름이 여기에 입력한 이름으로 보내집니다.

04 설정이 완료되면 [완료]를 클릭합니다.

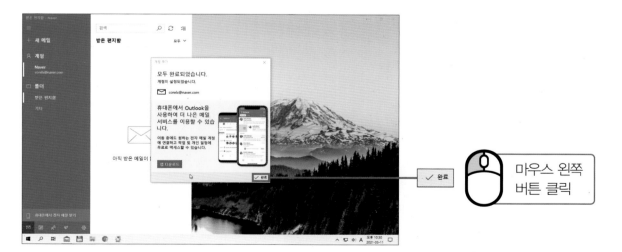

✓ 완료

마우스 왼쪽 버튼 클릭

05 전자 메일을 가져오는 과정은 사용자의 컴퓨터에 따라서 시간이 소요될 수 있습니다.

사용자에 따라서는 [이 보기 동기화] 버튼을 클릭해야 할 경우도 있습니다.

2) 메일 읽기

메일을 읽고 첨부 파일을 다운로드받아 보겠습니다.

01 받은 메일 중 읽을 메일을 클릭합니다.

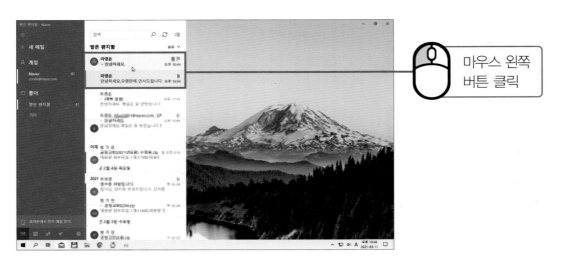

마우스 왼쪽
버튼 클릭

02 새로운 창으로 보기 위해 [새 창으로] 버튼을 클릭합니다.

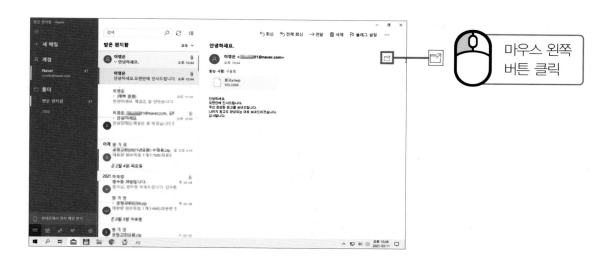

마우스 왼쪽
버튼 클릭

03 새로운 창이 열리면서 메일이 보입니다. 첨부 파일을 다운로드받기 위해 첨부 파일을 클릭한 후 [저장]을 클릭합니다.

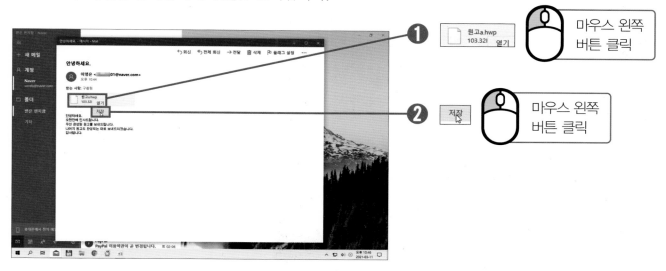

➊ 원고a.hwp
103.32킬 열기

마우스 왼쪽
버튼 클릭

➋ 저장

마우스 왼쪽
버튼 클릭

첨부 파일을 연결된 프로그램에서 바로 열어 보려면 [열기]를 클릭하면 됩니다.

첨부 파일을 저장할 드라이브나 폴더를 클릭한 후 [저장]을 클릭합니다.

① 문서 | 마우스 왼쪽 버튼 클릭

② 저장(S) | 마우스 왼쪽 버튼 클릭

3) 파일 첨부해서 답장 보내기

받은 메일에 파일과 그림을 포함한 답장을 보내 보겠습니다.

01 답장을 보내기 위해 [회신]을 클릭합니다.

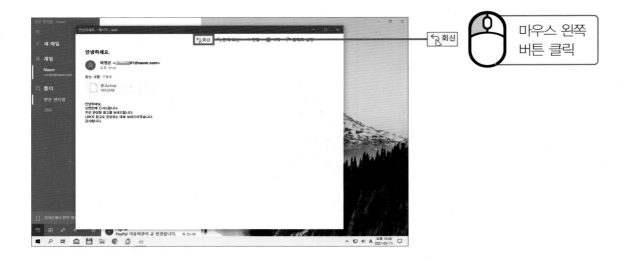

회신 | 마우스 왼쪽 버튼 클릭

02 새로운 메일 창이 열리면 제목과 내용을 입력한 후 첨부 파일을 선택하기
위해 [삽입]을 클릭하고 [파일]을 클릭합니다.

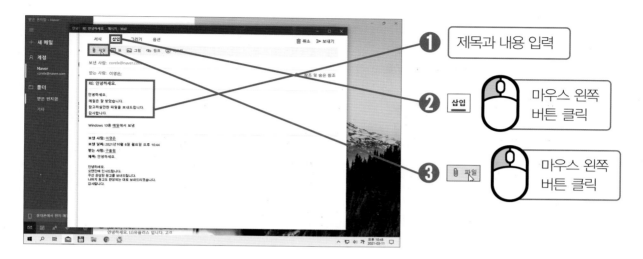

1 제목과 내용 입력

2 삽입 　마우스 왼쪽 버튼 클릭

3 파일 　마우스 왼쪽 버튼 클릭

03 첨부할 파일이 있는 드라이브를 클릭하고 폴더를 더블클릭합니다.

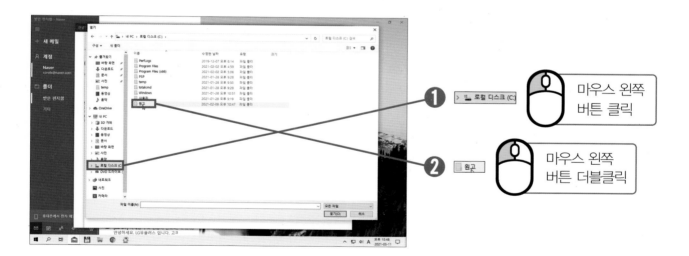

1 로컬 디스크 (C:) 　마우스 왼쪽 버튼 클릭

2 원고 　마우스 왼쪽 버튼 더블클릭

삽입할 파일을 클릭한 후 [열기]를 클릭합니다.

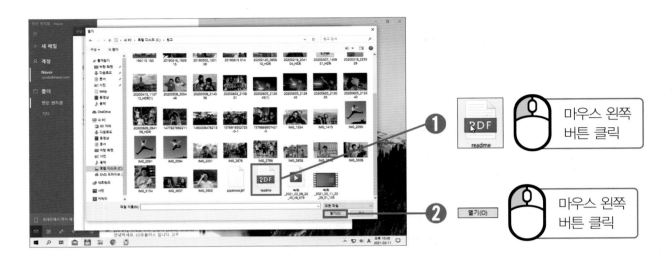

마우스 왼쪽
버튼 클릭

열기(O)

마우스 왼쪽
버튼 클릭

05 그림을 삽입하기 위해 [그림]을 클릭합니다.

그림

마우스 왼쪽
버튼 클릭

06 삽입할 그림이 있는 드라이브를 클릭하고 폴더를 더블클릭한 다음 그림을
클릭한 후 [삽입]을 클릭합니다.

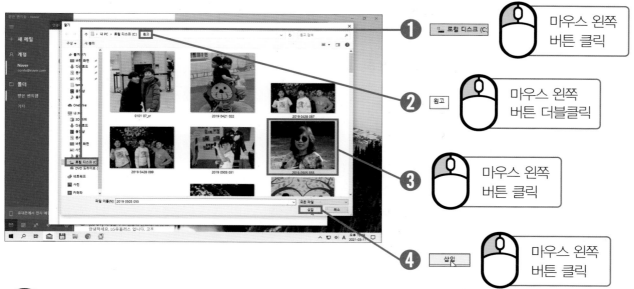

① 🖳 로컬 디스크 (C:)　　마우스 왼쪽
버튼 클릭

② 원고　　마우스 왼쪽
버튼 더블클릭

③ 　　마우스 왼쪽
버튼 클릭

④ 삽입　　마우스 왼쪽
버튼 클릭

07 그림이 삽입되면 [보내기]를 클릭합니다.

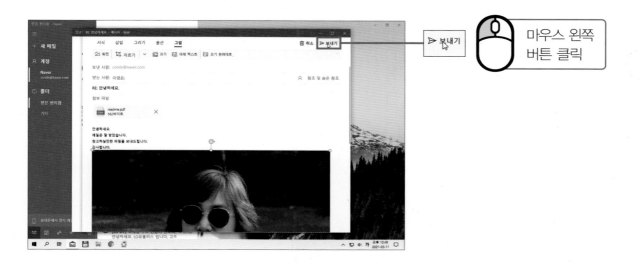

▷ 보내기　　마우스 왼쪽
버튼 클릭

08 [닫기(×)]를 클릭합니다.

마우스 왼쪽
버튼 클릭

4) 보낸 메일 확인하기

메일을 보낸 후 메일이 제대로 발송되었는지 확인해 보도록 하겠습니다. 중요한 메
일일 경우 보낸 후 확인하는 것이 좋습니다.

01 [기타]를 클릭한 후 [보낸 편지함]을 클릭합니다.

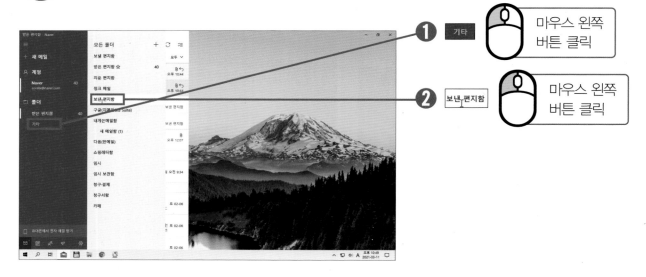

❶ 기타
마우스 왼쪽
버튼 클릭

❷ 보낸 편지함
마우스 왼쪽
버튼 클릭

02 보낸 편지함에 보낸 메일이 보이지 않는다면 [이 보기 동기화] 버튼을 클릭
합니다.

마우스 왼쪽
버튼 클릭

5) 새로운 메일 보내기
새로운 메일에 파일과 이모티콘을 포함하여 보내 보겠습니다.

01 [새 메일]을 클릭한 후 메일 주소를 입력하면 메일 주소가 완성되면서 [다음
주소 사용]이라고 나오는데 메일 주소가 정확하다면 클릭합니다.

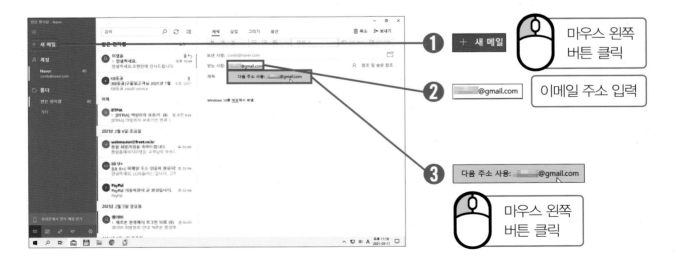

① + 새 메일

마우스 왼쪽
버튼 클릭

② @gmail.com

이메일 주소 입력

③ 다음 주소 사용: @gmail.com

마우스 왼쪽
버튼 클릭

02 제목과 내용을 입력한 후 [삽입]을 클릭한 후 [이모지]를 클릭하고 이모지
창에서 입력할 이미지를 클릭합니다.

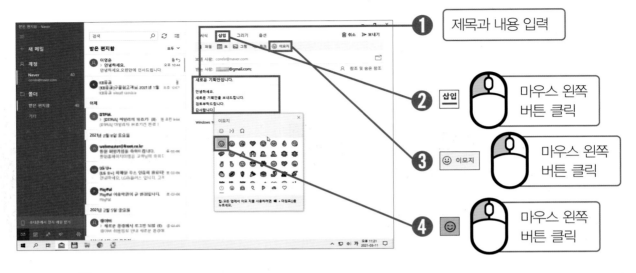

제목과 내용 입력

삽입 마우스 왼쪽
버튼 클릭

☺ 이모지 마우스 왼쪽
버튼 클릭

☺ 마우스 왼쪽
버튼 클릭

이모지는 기분의 표현을 작은 이미지로 표현한 것입니다.

03 이모지가 삽입되면 파일을 추가하기 위해 [파일]을 클릭합니다.

📎 파일 마우스 왼쪽
버튼 클릭

04 삽입할 파일이 있는 드라이브를 클릭하고 폴더를 더블클릭한 후 파일을 더블클릭합니다.

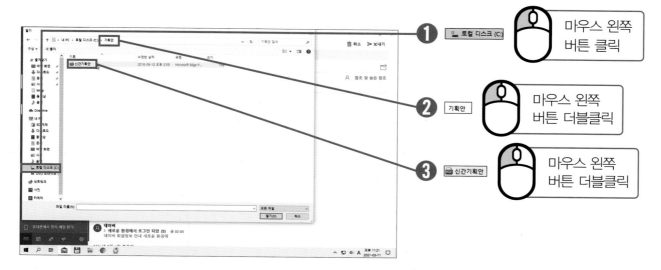

① 🖥 로컬 디스크 (C:)	마우스 왼쪽 버튼 클릭
② 기획안	마우스 왼쪽 버튼 더블클릭
③ 📄 신간기획안	마우스 왼쪽 버튼 더블클릭

05 [보내기]를 클릭합니다.

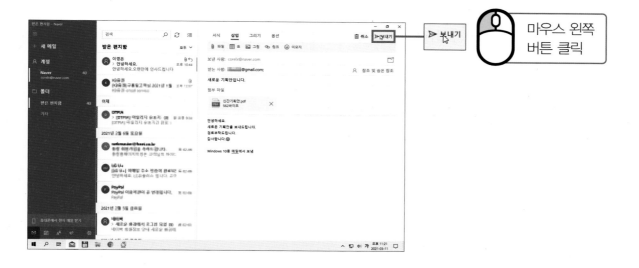

▷ 보내기	마우스 왼쪽 버튼 클릭

06 메일을 정확하게 보냈는지를 확인하기 위해 [기타]를 클릭한 후 [보낸 편지함]을 클릭합니다.

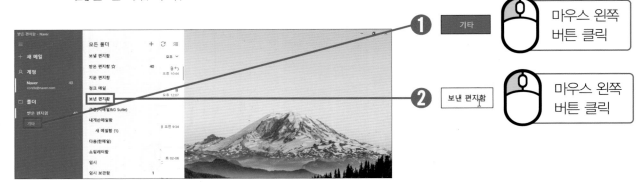

07 보낸 편지함에서 보낸 편지가 있는지 확인합니다.

팁! 보낸 적이 있는 이메일 주소를 입력하면

보낸 적이 있는 메일 주소를 첫 글자만 입력해도 예전에 보낸 메일 주소가 나타납니다. 해당 메일로 보내려면 메일 주소를 클릭하면 됩니다.

Section

05

화면 캡처(저장)하기

과거에는 윈도우의 화면을 캡처하여 저장하려면 외부 프로그램을 사용하거나 단순하게 화면을 캡처할 수 있는 기능만을 제공하였습니다. 윈도우10에서는 다양한 모양으로 화면을 캡처할 수 있는 기능을 제공하고 있습니다.

컴퓨터를 사용하다 보면 화면을 캡처해야 하는 경우가 있습니다. 윈도우10에서는 사용자가 원하는 부분만, 창만, 윈도우 화면 전체를 캡처해서 문서 프로그램, 그림 프로그램, 메신저 메일 등에 붙여 넣거나 저장하여 사용할 수 있습니다.

키보드의 ❶ [윈도우(⊞)] 키를 누르고 ❷ [시프트(Shift)] 키를 누른 상태에서 ❸ [S] 키를 누르면 화면 캡처하기와 같은 기능을 가진 앱이 실행됩니다. [윈도우(⊞)] 키, [시프트(Shift)] 키, [S] 키를 동시에 눌러야 합니다.

사각형 캡처	자유형 캡처	창 캡처	전체 화면 캡처

1) 자유형으로 화면 캡처해서 저장하기

화면을 사용자가 필요한 모양으로 그려서 캡처한 후 저장해 보겠습니다.

 [탐색기]와 [사진(🖼)], 두 개를 차례로 클릭하여 실행합니다.

차례로 마우스 왼쪽
버튼으로 클릭

참고!

[사진(🖼)]은 [시작(⊞)] 버튼을 클릭하면 나타나는 프로그램 목록에서 클릭하여 실행합니다.

 [시작(⊞)] 버튼을 클릭하고 [Windows 보조프로그램]-[캡처 도구]를 클릭
하여 실행합니다.

❶ 마우스 왼쪽
버튼 클릭

Windows 보조프로그램 ❷ 마우스 왼쪽
버튼 클릭

캡처 도구 ❸ 마우스 왼쪽
버튼 클릭

03 캡처 도구가 실행되면 [모드]를 클릭하여 [자유형 캡처]를 클릭합니다.

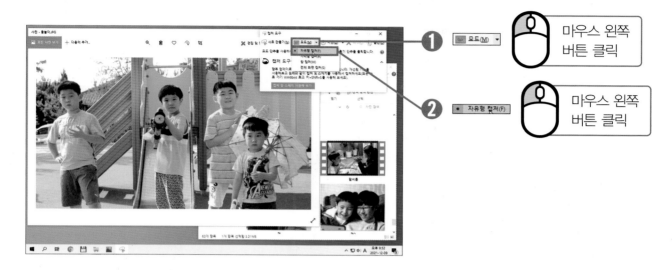

① 🖱️ 마우스 왼쪽 버튼 클릭

② 🖱️ 마우스 왼쪽 버튼 클릭

04 화면이 투명 필터처럼 바뀌면 자유롭게 그릴 곳의 시작점을 클릭한 후 마우스 버튼을 드래그하여 필요한 만큼 그려 줍니다.

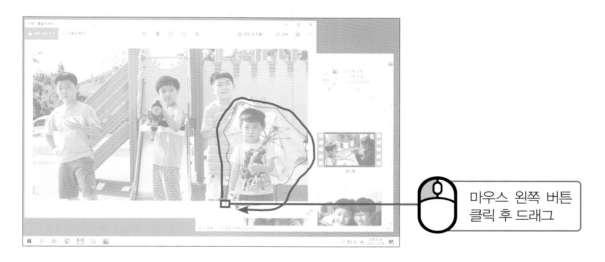

🖱️ 마우스 왼쪽 버튼 클릭 후 드래그

 📧

시작점과 마침점을 이어 주어야 합니다. 시작점과 마침점이 이어지지 않는 경우에는 직선으로 그려집니다.

05 그리기가 완성되면 자동으로 캡처 도구 프로그램 창에 사용자가 선택한 그림이 나타납니다. 그림을 저장하기 위해 [저장]을 클릭합니다.

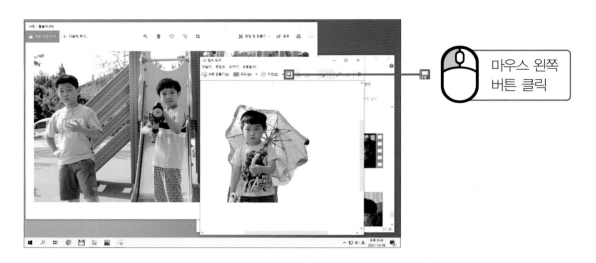

마우스 왼쪽
버튼 클릭

06 그림의 제목이 자동으로 입력되고 블록으로 설정됩니다.

저장할 그림의 제목을 입력한 후(이 책에서는 '어린이') [저장]을 클릭합니다.

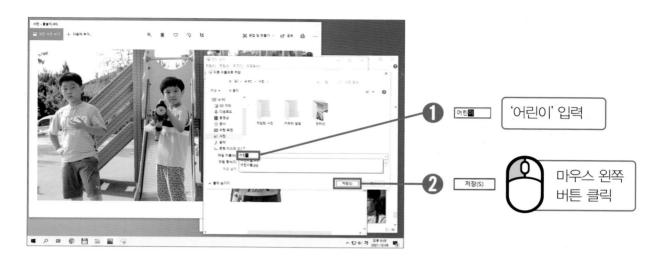

① 어린이 　'어린이' 입력

② 저장(S) 　마우스 왼쪽
　　　　　　버튼 클릭

2) 사각형 모양으로 캡처하기

화면의 일부분을 사각형 모양으로 캡처해 보겠습니다.

01 캡처 도구가 실행되면 [모드]를 클릭하여 [사각형 캡처]를 클릭합니다.

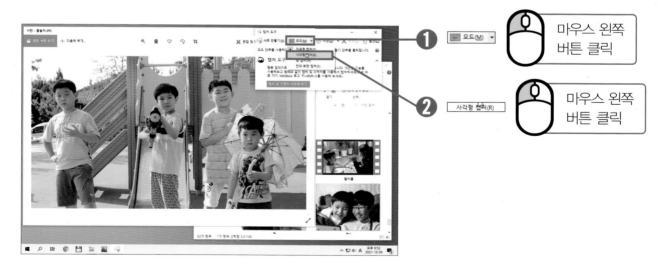

① 모드(M) ▾ 　마우스 왼쪽
　　　　　　　버튼 클릭

② 사각형 캡처(R) 　마우스 왼쪽
　　　　　　　　버튼 클릭

화면이 투명 필터처럼 바뀌면 사각형으로 그릴 곳의 시작점을 클릭합니다.

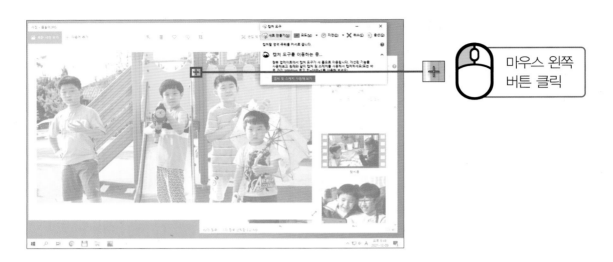

마우스 왼쪽
버튼 클릭

03 마우스 버튼을 드래그한 채 캡처할 그림이 포함될 만큼의 사각형을 그려 줍니다.

드래그한 후 마우스
버튼을 뗌

참고!

캡처될 부분은 또렷하게 보입니다.

04 캡처 도구 창이 바뀌면서 캡처한 그림이 복사됩니다. [저장]을 클릭하여 그림을 저장합니다.

마우스 왼쪽
버튼 클릭

3) 창 캡처하기

현재 실행된 프로그램 창 중에서 하나를 캡처해서 저장해 보겠습니다. 사각형 모양으로 캡처하기와 같이 사각형 모양이지만 사용자가 사각형을 그리지 않아도 프로그램 창 전체를 캡처합니다.

01 캡처 도구가 실행되면 [모드]를 클릭하여 [창 캡처]를 클릭합니다.

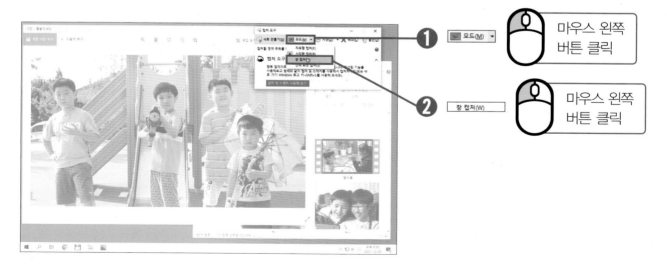

❶ 모드(M)
마우스 왼쪽
버튼 클릭

❷ 창 캡처(W)
마우스 왼쪽
버튼 클릭

02 커서를 이동하면 현재 실행 중인 프로그램의 창의 테두리가 빨간색으로 변하면서 그림이 또렷하게 보입니다.

03 커서를 다른 창으로 이동하면 테두리가 빨간색으로 변하면서 그림이 또렷하게 보입니다. 마우스 버튼을 클릭합니다.

마우스 왼쪽
버튼 클릭

04 프로그램 창만 캡처가 됩니다.

뒤쪽의 창 전체를 캡처하려면 뒤쪽에 있는 창을 앞쪽으로 보내서 잘리지 않게 한 후 캡처해야 합니다.

4) 전체 화면 캡처하기

모니터에 보이는 화면 전체를 캡처해 보겠습니다. 키보드의 [Print Screen] 키를 눌러서도 화면 전체를 캡처할 수 있습니다.

01 캡처 도구가 실행되면 [모드]를 클릭하여 [전체 화면 캡처]를 클릭합니다.

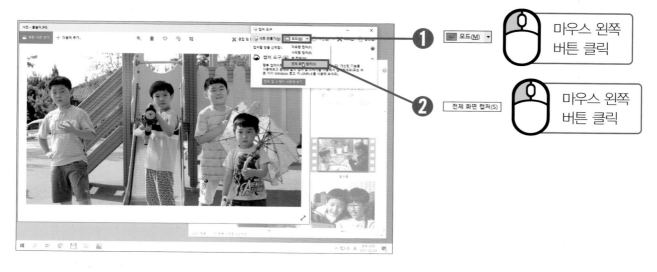

02 화면 전체가 캡처됩니다.

🔊 **팁!** **그림 캡처에 대하여**

그림을 캡처하면 컴퓨터의 클립보드(Clipboard)라고 하는 저장소에 임시로 저장됩니다. 클립보드는 눈에 보이지 않습니다. 클립보드에 임시로 저장된 그림은 문서나, 메신저 등에 붙여넣기(Ctrl + V)를 실행하면 붙여 넣어집니다.
키보드의 [PRT SC(Print Screen)] 키를 눌러도 전체 화면이 클립보드에 저장됩니다.

클립보드에 임시로 저장되어 있는 그림은
01 컴퓨터를 다시 시작하거나
02 다른 그림이나 텍스트 등을 복사하거나
03 클립보드에 저장된 그림을 삭제하라는 명령을 하기 전에는 클립보드에 저장되어 있습니다.

5) 그림 캡처해서 아래 한글에 붙여넣기

그림을 캡처해서 외부 프로그램(아래 한글)을 실행하여 붙여넣기를 해 보겠습니다.
그림을 캡처하면 포토샵, 그림판, 카카오톡에 복사하여 붙여 넣을 수 있습니다.

01 [시작(■)] 버튼을 클릭하고 [Windows 보조프로그램]–[캡처 도구]를 클릭하여 실행합니다.

02 캡처 도구가 실행되면 [모드]를 클릭하여 [자유형 캡처]를 클릭합니다.

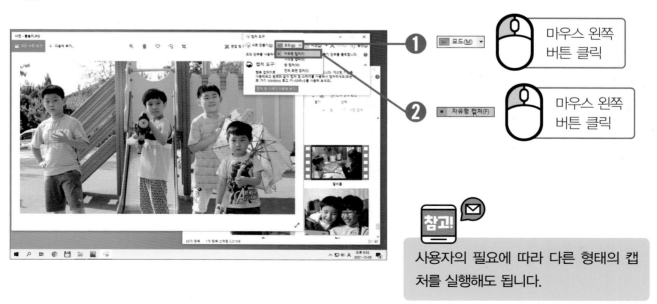

참고! 사용자의 필요에 따라 다른 형태의 캡처를 실행해도 됩니다.

03 화면이 투명 필터처럼 바뀌면 자유롭게 그릴 곳의 시작점을 클릭한 후 마우스 버튼을 드래그하여 필요한 만큼 그려 줍니다.

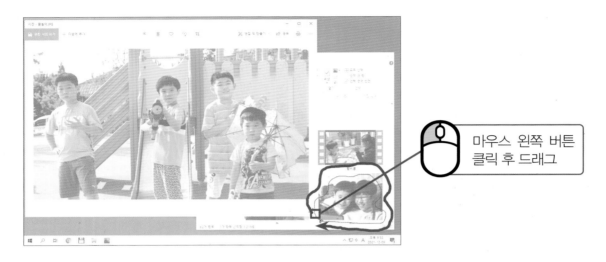

마우스 왼쪽 버튼 클릭 후 드래그

시작점과 마침점을 이어 주어야 합니다. 시작점과 마침점이 이어지지 않는 경우에는 직선으로 그려집니다.

04 캡처가 종료되면 캡처 도구 창이 나타나면서 캡처한 내용이 나타납니다.

05 [시작(▦)] 버튼을 클릭하여 [아래 한글] 프로그램을 클릭합니다.

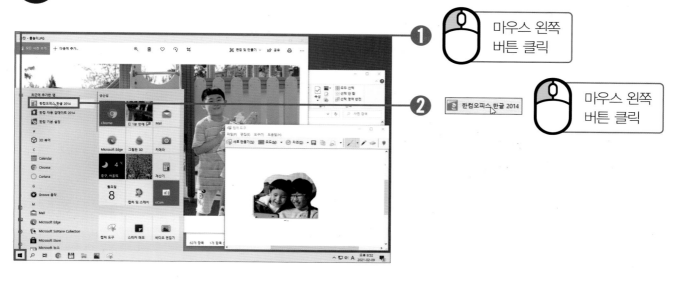

마우스 왼쪽
버튼 클릭 ❶

마우스 왼쪽
버튼 클릭 ❷

06 [아래 한글] 프로그램이 실행되면 마우스 오른쪽 버튼을 클릭한 후 [붙이기]를
클릭합니다.

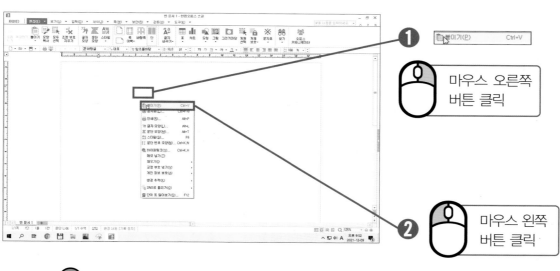

❶

마우스 오른쪽
버튼 클릭

❷ 마우스 왼쪽
버튼 클릭

[붙이기]를 키보드로 하려면 붙여넣기(**Ctrl** + **V**)를 누르면 됩니다.

클립보드에 있던 그림이 붙여 넣어집니다.

팁!

클립보드에 복사된 그림은 카카오톡 등에서 붙여넣기(Ctrl + V)로 다른 사람에게 보낼 수 있습니다.

제 06장

인터넷 사용하기

정보의 바다 인터넷에 대해서 알아보겠습니다.
인터넷은 전 세계의 컴퓨터가 거미줄처럼 서로 연결되어 있어서 누구나 무료로
필요한 정보를 원하는 형태(파일, 이미지, 동영상, 소리 등)로 찾을 수 있습니다.
다양한 기능을 지원하는 웹브라우저인 크롬(Chrome)을 이용하여 인터넷을
즐기는 방법에 대해 알아보겠습니다.

Section 01

인터넷 이해하기

인터넷을 항해할 수 있는 프로그램인 크롬(Chrome)으로 인터넷을 사용해 보겠습니다.

먼 길을 가려면 자동차를 타고 가야 하듯이 인터넷을 항해하려면 프로그램이 필요합니다.

정보의 바다 인터넷을 항해하는 데 필요한 프로그램은 크롬(Chrome)이나 인터넷 익스플로러, 엣지(Edge) 같은 웹브라우저입니다.

여기서는 구글(Google)에서 만든 크롬(Chrome)을 이용하여 인터넷을 항해해 보겠습니다.

크롬은 속도가 빠르며 다양한 확장 앱(프로그램)을 이용하여 인터넷을 더 편하게 사용할 수 있습니다.

인터넷으로 할 수 있는 일들

• 다양한 무료 게임
• 유튜브에서 음악, 동영상 감상
• 정보 검색
• 빠르고 쉬운 온라인 쇼핑
• 집에서 은행 업무, 관공서 업무 보기
• 이메일(e-mail)로 소식 전하기

온라인 게임

유튜브

정보 검색

온라인 쇼핑

관공서 업무

이메일(e-mail)

크롬 화면 구성

크롬의 화면 구성에 대해서 알아보겠습니다.

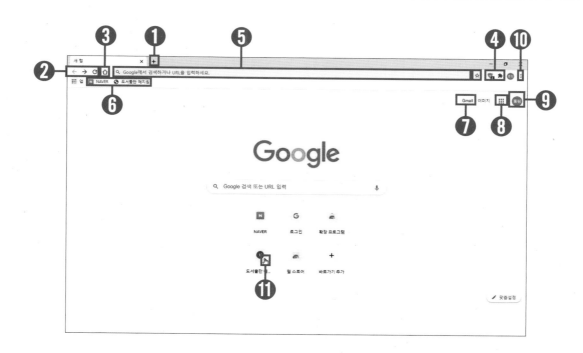

❶ **새 탭** : 현재 있는 탭을 그대로 두고 새로운 탭에 홈페이지를 보여 줍니다.

❷ **뒤로/ 앞으로/ 새로고침** : 다른 홈페이지로 이동한 후 좀 전에 보았던 홈페이지로 다시 이동하거나 홈페이지의 내용을 다시 불러옵니다.

❸ **홈 버튼** : 크롬을 실행했을 때 처음으로 보이는 홈페이지입니다. 사용자가 지정할 수 있습니다.

❹ **확장 프로그램** : 크롬에서 인터넷을 사용하는 데 도움이 되는 등록된 외부 프로그램입니다.

❺ **옴니 박스** : 주소창과 검색창으로 같이 사용합니다. 주소를 입력하거나 검색어를 입력하면 됩니다.

❻ **즐겨찾기(북마크)** : 자주 방문하는 홈페이지를 저장하여 한 번의 클릭으로 방문할 수 있습니다.

❼ **gmail** : gmail을 이용하여 메일을 보내거나 받을 수 있습니다.

❽ **google 앱** : 유튜브, 구글 플레이, 주소록, 캘린더, 스프레드 등 크롬에서 바로 사용 가능한 앱입니다.

❾ **사용자** : 크롬에 로그인한 사용자의 이름입니다. 로그인하지 않았으면 이름이 나타나지 않습니다.

❿ **맞춤 설정 및 제어** : 크롬의 방문 기록, 북마크, 설정 등을 할 수 있습니다.

⓫ **커서** : 웹브라우저에서는 커서의 모양이 🖑로 변하는 곳을 클릭하면 다른 사이트로 이동할 수 있습니다.

📢-팁! 인터넷 용어

- **홈페이지(사이트)** : 네이버(naver), 다음(daum) 등과 같이 인터넷에 접속하면 처음 보이는 페이지를 말합니다.

- **홈페이지 주소(URL)** : 일상생활에서 집을 찾아가려면 몇 번지, 몇 동, 몇 호 하는 것처럼 인터넷에서도 주소를 알아야 원하는 사이트를 찾아갈 수 있습니다. 예를 들어 네이버는 www.naver.com이 네이버의 주소입니다.

- **웹브라우저** : 인터넷을 사용하는 데 필요한 프로그램입니다. 엣지, 크롬(Chrome) 등이 있으며 여기서는 크롬을 기준으로 설명할 것입니다.

- **링크** : 인터넷 사이트에서 다른 곳으로 이동할 수 있도록 연결되어 있는 글자나 그림 등을 말합니다.

- **검색엔진** : 인터넷에서 찾고 싶은 단어를 입력했을 때 단어와 관련이 있는 문서나 그림 등을 찾아 주는 것을 말합니다. 네이버(www.naver.com) 다음(www.daum.net) 등이 검색엔진이라고 할 수 있습니다. 네이버와 다음은 포털(Portal) 사이트라고도 합니다.

Section

03

크롬 설치하기

윈도우10에 기본적으로 설치되어 있는 웹브라우저 엣지(Edge)에서 크롬을
다운받아 설치한 후 기본 브라우저로 설정해 보겠습니다.

1) 크롬 다운받아 설치하기

01 [시작(⊞)] 버튼을 클릭하여 [Microsoft Edge]를 클릭합니다.

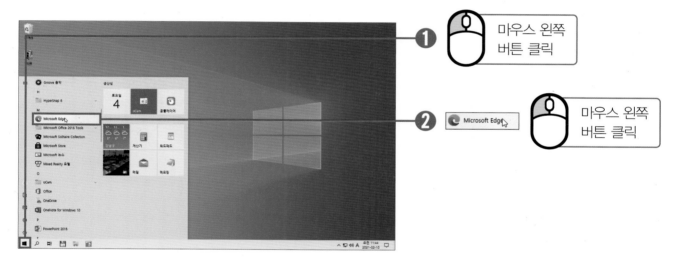

마우스 왼쪽
버튼 클릭

마우스 왼쪽
버튼 클릭

02 [주소] 입력란을 클릭하여 'www.naver.com'을 입력한 후 [엔터([Enter])] 키
를 누릅니다.

www.naver.com

'www.naver.com' 입력한 후
[엔터([Enter])] 키 누름

03 네이버 화면이 나타나면 [검색어] 입력란에 '크롬 다운로드'를 입력한 후 [엔터([Enter])] 키를 누릅니다.

크롬 다운로드

'크롬 다운로드' 입력한 후 [엔터([Enter])] 키 누름

04 커서의 모양이 🖑로 변하면 [구글 크롬]을 클릭합니다.

www.google.com/chrome 구글 크롬

마우스 왼쪽 버튼 클릭

05 [Chrome 다운로드]를 클릭합니다.

Chrome 다운로드

다운로드가 완료되면 [ChromeSetup.exe]를 클릭합니다.

마우스 왼쪽
버튼 클릭

07 크롬이 시작되면 [시작하기]를 클릭합니다.

마우스 왼쪽
버튼 클릭

08 책갈피를 추가하겠느냐는 메시지가 나오면 [건너뛰기]를 클릭합니다.

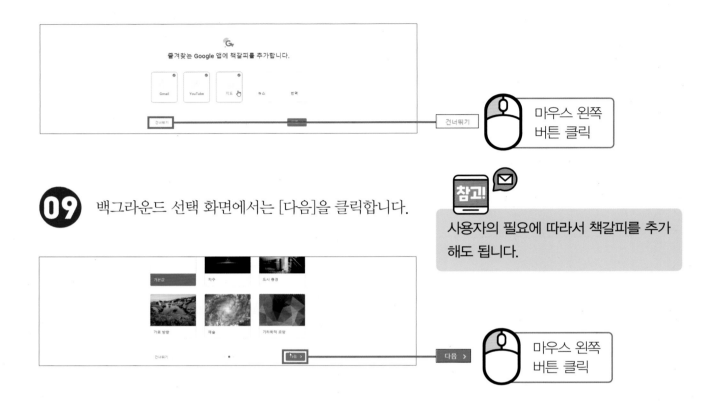

마우스 왼쪽
버튼 클릭

09 백그라운드 선택 화면에서는 [다음]을 클릭합니다.

참고!

사용자의 필요에 따라서 책갈피를 추가
해도 됩니다.

마우스 왼쪽
버튼 클릭

2) 크롬을 기본 브라우저로 설정하기

크롬을 윈도우10에서의 기본 브라우저로 설정해 보겠습니다. 사용자에 따라서는 이
화면과 다른 화면이 보일 수 있습니다.

01 [기본 브라우저로 설정]을 클릭합니다.

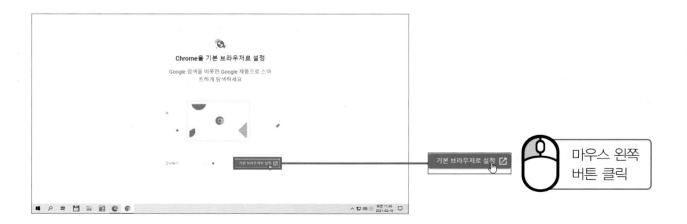

마우스 왼쪽
버튼 클릭

[설정]-[기본 앱]-[웹브라우저]에서 [Microsoft Edge]를 클릭합니다.

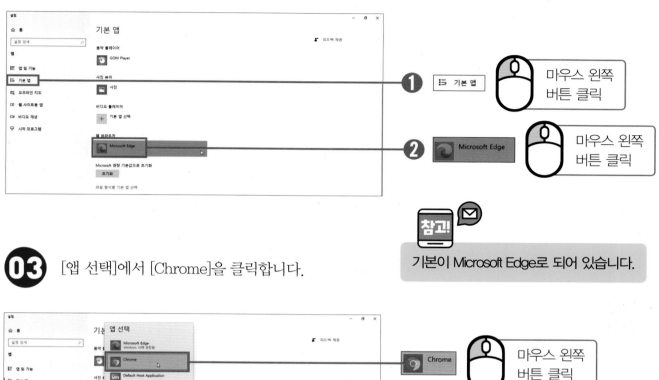

참고!

기본이 Microsoft Edge로 되어 있습니다.

03 [앱 선택]에서 [Chrome]을 클릭합니다.

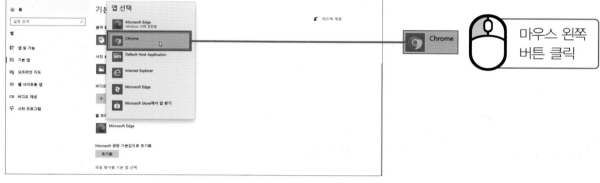

04 전환하기 전 창이 나타나면 [전환하기]를 클릭합니다.

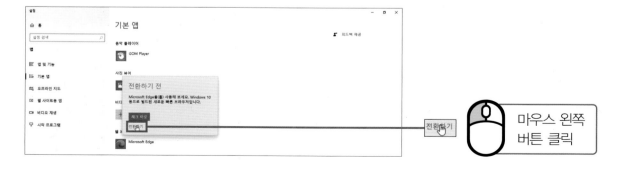

웹브라우저가 Chrome으로 설정되면 [닫기(×)]를 클릭합니다.

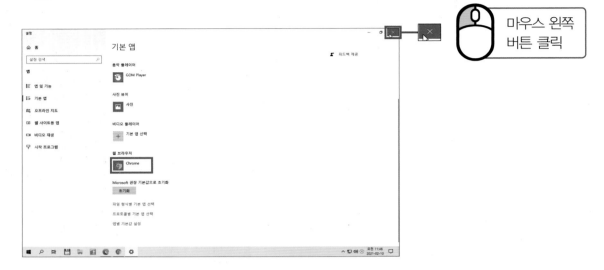

마우스 왼쪽
버튼 클릭

 크롬 화면으로 돌아옵니다.

Section 04 크롬 계정 만들기

크롬을 사용할 때 계정을 만들어 사용하면 다양한 기능(쇼핑 등)을 사용할 때 계정을 이용해서 로그인할 수도 있고 스마트폰 등과 연계해서 데이터를 공유할 수도 있습니다.
여러 사람이 사용하는 컴퓨터에서는 계정을 사용하지 않는 것이 좋습니다.

01 [계정 만들기]를 클릭합니다.

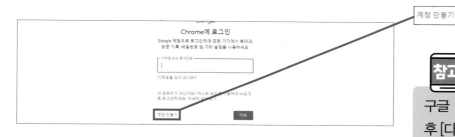

마우스 왼쪽
버튼 클릭

참고!

구글 아이디가 있다면 아이디를 입력한 후 [다음]을 클릭해서 로그인하면 됩니다.

02 [성], [이름] 입력란을 클릭해서 한글로 성과 이름을 입력합니다. [사용자 이름]에 구글 아이디로 사용할 이름(영문)을 입력합니다.

참고!

사용자 이름은 영문과 숫자만 가능합니다. 다른 사람이 사용 중인 이름이라고 나오면 다른 이름을 입력하거나 선택합니다.

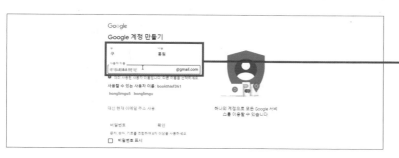

성, 이름 입력 후 구글 계정으로 사용할 아이디 입력

이름을 입력한 후 [비밀번호]와 [확인]을 입력합니다.

비밀번호는 문자, 숫자, 기호를 조합하여 8자 이상으로 해야 하며, 비밀번호를 보고 싶다면 [비밀번호 표시]를 클릭합니다.

문자, 숫자, 기호를 조합하여 8자 이상을 사용하세요

비밀번호를 입력한 후 확인을 위해 한 번 더 입력

 전화번호와 복구 이메일을 입력하고 생년월일을 입력하고 성별을 선택합니다.

복구 이메일은 구글 이메일 계정의 비밀번호 등을 잊었을 경우 비밀번호 등을 받기 위해 입력합니다. 자신의 다른 이메일 계정을 입력합니다.

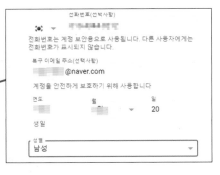

전화번호, 복구 이메일 주소를 입력한 후 연도, 월, 일을 차례로 선택

비밀번호를 저장하겠느냐는 메시지가 나오면 [저장]을 클릭합니다.

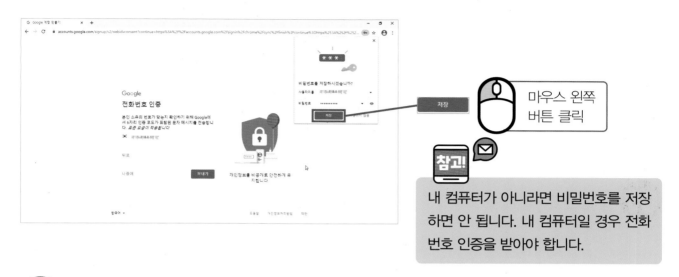

마우스 왼쪽
버튼 클릭

참고!

내 컴퓨터가 아니라면 비밀번호를 저장
하면 안 됩니다. 내 컴퓨터일 경우 전화
번호 인증을 받아야 합니다.

06 구글 계정에 비밀번호를 저장하여 자동으로 로그인을 사용하기 위해 [동기화
사용]을 클릭합니다.

참고!

자신의 컴퓨터가 아니면 동기화를 사용
하지 않아야 합니다.

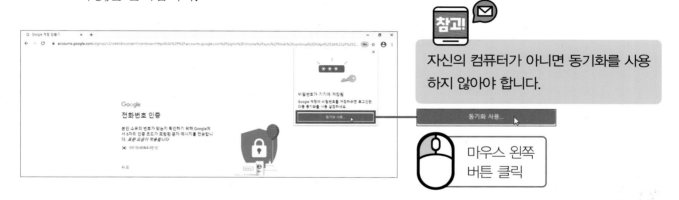

동기화 사용...

마우스 왼쪽
버튼 클릭

 전화번호 인증을 받기 위해 [보내기]를 클릭합니다.

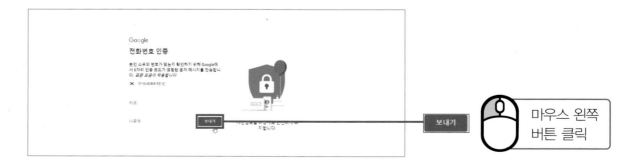

보내기

마우스 왼쪽
버튼 클릭

08 인증번호가 내 핸드폰 문자로 수신됩니다.

09 [인증코드] 입력란을 클릭한 후 인증번호를 입력하고 [확인]을 클릭합니다.

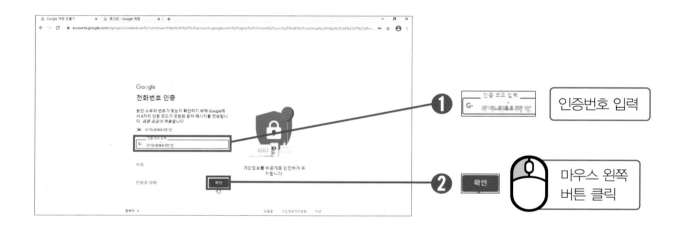

인증번호 입력

마우스 왼쪽
버튼 클릭

10 전화번호 다양하게 활용하기 질문이 나타나면 [예]를 클릭합니다.

마우스 왼쪽
버튼 클릭

⑪ [개인정보 보호 및 약관]을 읽어본 후 동의함을 클릭하여 체크(✓)한 후 [계정 만들기]를 클릭합니다.

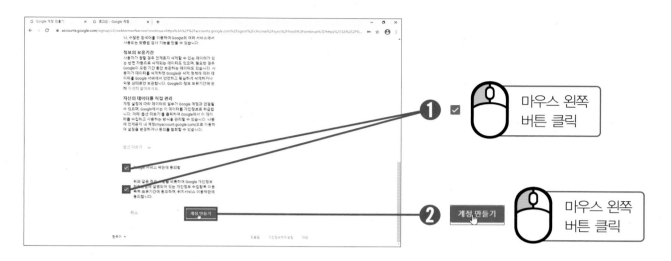

마우스 왼쪽 버튼 클릭

마우스 왼쪽 버튼 클릭

⑫ 동기화를 사용하겠느냐는 질문이 나타나면 [사용]을 클릭합니다.

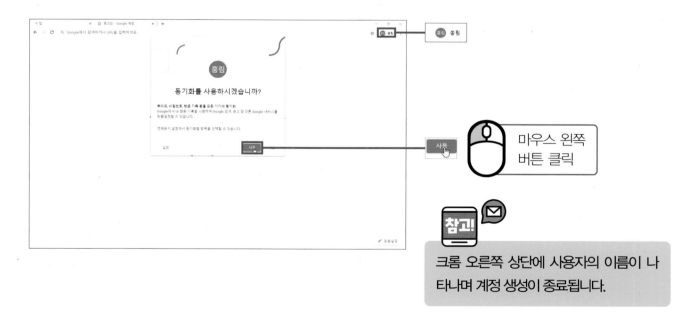

홍림 홈틴

마우스 왼쪽 버튼 클릭

참고! 크롬 오른쪽 상단에 사용자의 이름이 나타나며 계정 생성이 종료됩니다.

계정 생성 후 [Google 앱]을 클릭하면 구글 드라이브, 뉴스, 캘린더, 문서 만들기 등 크롬에서 사용할 수 있는 앱들이 나타납니다.

[이름]을 클릭하면 프로필 사진을 설정하거나 다른 계정을 추가할 수도 있습니다. 또, 로그아웃을 하여 계정을 사용하지 않을 수도 있습니다.

Section 05

홈페이지(시작페이지)와 북마크바 설정하기

크롬을 시작하면 처음으로 접속하는 웹페이지(홈페이지)를 설정하고 자주 가는 사이트를 북마크바에 설정해 보겠습니다.

1) 홈페이지와 북마크바 보이기

 [시작(⊞)] 버튼을 클릭한 후 [Chrome]을 클릭합니다.

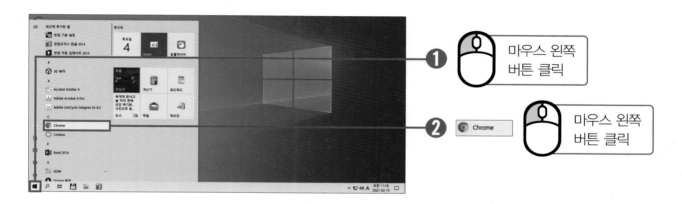

① 마우스 왼쪽 버튼 클릭

② 마우스 왼쪽 버튼 클릭

02 크롬이 실행되면 ⋮(Chrome 맞춤 설정 및 제어)를 클릭한 후 [설정]을 클릭합니다.

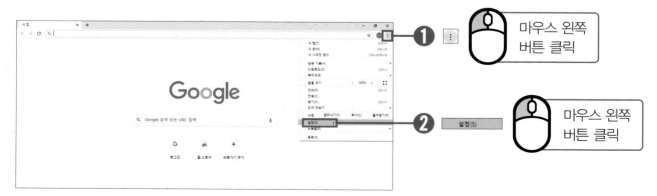

① 마우스 왼쪽 버튼 클릭

② 마우스 왼쪽 버튼 클릭

03 화면을 아래로 스크롤한 후 [홈 버튼 표시]를 클릭합니다.

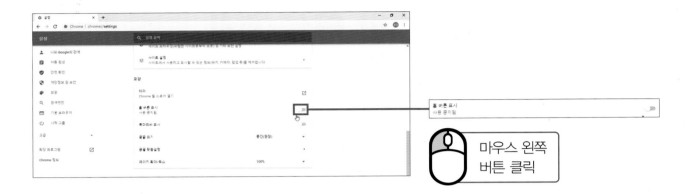

마우스 왼쪽
버튼 클릭

04 홈 버튼이 활성화(표시)됩니다.

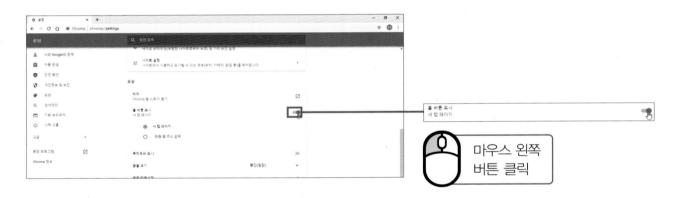

마우스 왼쪽
버튼 클릭

05 홈 버튼을 클릭하면 이동할 사이트를 지정하기 위해 [맞춤 주소] 입력란을
클릭한 후 사용할 주소(이 책에서는 'www.naver.com')를 입력합니다.

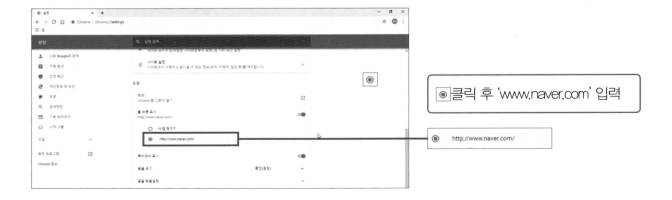

◉클릭 후 'www.naver.com' 입력

◉ http://www.naver.com/

홈 버튼이 제대로 되었는지 확인하기 위해 [홈 버튼]을 클릭합니다.

마우스 왼쪽
버튼 클릭

07 앞에서 입력한 주소(www.naver.com)로 이동합니다.

2) 즐겨찾기 추가하기

북마크바에 표시할 즐겨찾기를 추가해 보겠습니다. 자주 사용하는 사이트는 북마크
바에 표시해 놓으면 한 번에 이동할 수 있습니다.

01 [현재 탭을 북마크에 추가]를 클릭하면 북마크 추가 대화 상자가 나타나는
데 [완료]를 클릭하면 북마크바에 표시됩니다.

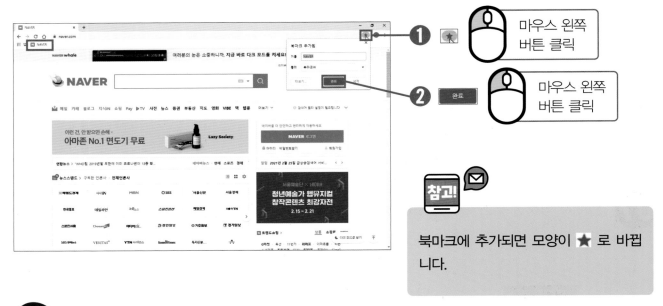

마우스 왼쪽
버튼 클릭

마우스 왼쪽
버튼 클릭

참고!

북마크에 추가되면 모양이 ★ 로 바뀝
니다.

02 다른 사이트를 추가하기 위해 [검색어] 입력란을 클릭해 (이 책에서는 '혜지
원') 입력한 후 [엔터([Enter])] 키를 누릅니다.

혜지원

'혜지원' 입력한 후
[엔터([Enter])] 키 누름

03 검색 결과가 나타나면 '도서출판 혜지원'을 클릭합니다.

마우스 왼쪽
버튼 클릭

04 혜지원 홈페이지로 이동하면 팝업창이 나타나는데 [CLOSE]를 클릭하여 닫습니다.

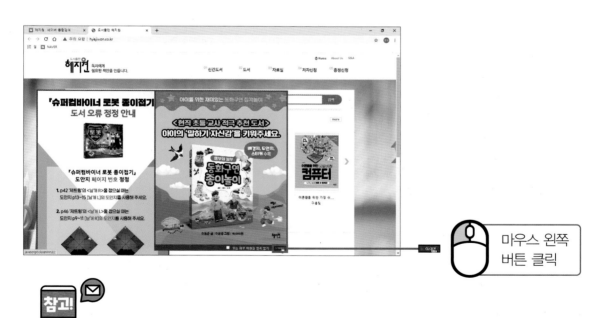

마우스 왼쪽
버튼 클릭

참고! 📧

팝업창은 광고나 홍보를 하기 위해 일정한 기간 동안 별도로 보이게 해 놓은 웹페이지입니다.

05 [현재 탭을 북마크에 추가]를 클릭하면 북마크 추가 대화 상자가 나타나는
데 [완료]를 클릭하면 북마크바에 표시됩니다.

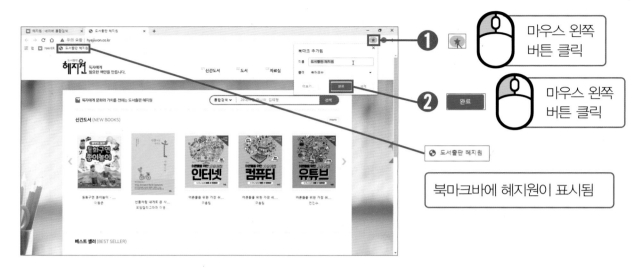

마우스 왼쪽
버튼 클릭

마우스 왼쪽
버튼 클릭

완료

북마크바에 혜지원이 표시됨

06 다른 홈페이지로 이동하기 위해 주소 입력창을 클릭하여 블록으로 설정합
니다.

마우스 왼쪽
버튼 클릭

주소 입력창에 주소를 직접 입력해서 이동해 보겠습니다.

이동할 홈페이지의 주소(이 책에서는 'www.daum.net')를 입력한 후 [엔터
([Enter])] 키를 누릅니다.

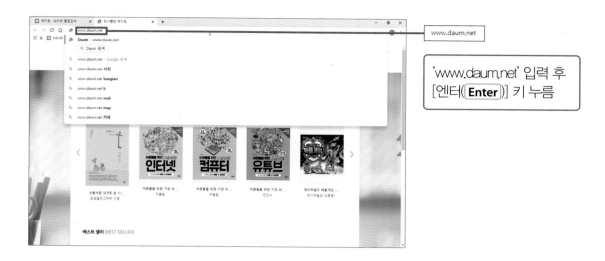

'www.daum.net' 입력 후
[엔터([Enter])] 키 누름

www.daum.net

08 이동한 홈페이지가 나타나면 [현재 탭을 북마크에 추가]를 클릭하면 북마크
추가 대화 상자가 나타나는데 [완료]를 클릭하면 북마크바에 표시됩니다.

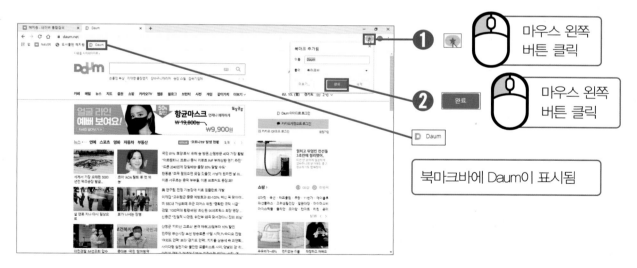

① 마우스 왼쪽
버튼 클릭

② 마우스 왼쪽
버튼 클릭

북마크바에 Daum이 표시됨

Section

06

앞으로/ 뒤로 이동하기

인터넷을 하다 보면 여러 웹페이지를 방문하다가 조금 전에 방문했던 웹페이지로 되돌아가야 할 경우가 있습니다. 방문했던 웹페이지를 되돌아 가는 방법에 대해 알아보겠습니다.

❶ 사이트 방문

[→] 클릭

❷ 사이트 방문

[←] 클릭/ [→] 클릭

❸ 사이트 방문

[←] 클릭

❶, ❷, ❸ 사이트를 차례로 방문했을 경우

❸ 사이트에서 [←]를 클릭하면 ❷ 사이트로 되돌아갑니다.

❷ 사이트에서는 [←]를 클릭하면 ❶ 사이트로 돌아가며

[→]를 클릭하면 ❸ 사이트로 돌아갑니다.

01 앞에서 방문했던 순서로 방문했을 경우 [←]를 클릭합니다.

마우스 왼쪽
버튼 클릭

02 이전에 방문했던 사이트(혜지원)로 되돌아갑니다. 혜지원 사이트에서 [→]
를 클릭합니다.

마우스 왼쪽
버튼 클릭

03 다시 다음(www.daum.net) 사이트로 되돌아갑니다.

팁! 이전에 방문했던 사이트 찾기

화살표를 2~3초간 누르면 이전에 방문했던 사이트들이 나타납니다. 이 중에 다시 가고 싶은 사이트를 클
릭하면 됩니다.

새로고침

인터넷을 하다 보면 웹사이트의 내용이 잘 보이지 않거나, 실시간으로 보이는 내용이 갱신(업데이트)되지 않는 경우가 있습니다. 이런 경우에는 [새로고침]을 클릭하면 됩니다.

01 특정 사이트에서 그림이나 내용이 제대로 보이지 않는 경우 [페이지 새로고침](⟳)을 클릭합니다.

마우스 왼쪽
버튼 클릭

참고!

새로고침 단축키는 **F5** 입니다.

02 사이트를 새로 불러오면서 내용이 제대로 보입니다.

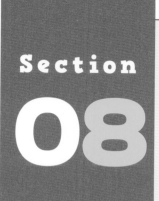

Section

08

인터넷 검색엔진 설정하고 검색하기

크롬에서는 별도의 검색엔진 사이트로 이동하지 않고도 주소 입력 표시줄에 검색어를 입력하면 검색엔진에서 검색해 줍니다.

1) 검색엔진 설정하기

주소 입력에 표시줄에 사용할 검색엔진을 설정해 보겠습니다.

01 주소 표시줄을 마우스 오른쪽 버튼으로 클릭한 후 [검색엔진 관리]를 클릭합니다.

02 검색엔진으로 설정할 사이트(이 책에서는 '다음(www.daum.net)')의 [추가 작업(:)]을 클릭한 후 [기본으로 설정]을 클릭합니다.

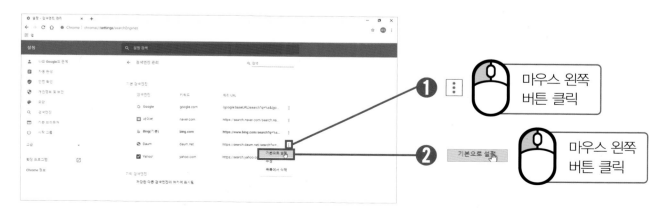

03 다음(www.daum.net)이 기본 검색엔진으로 설정됩니다. 홈페이지를 클릭
하면 설정한 홈페이지로 이동합니다.

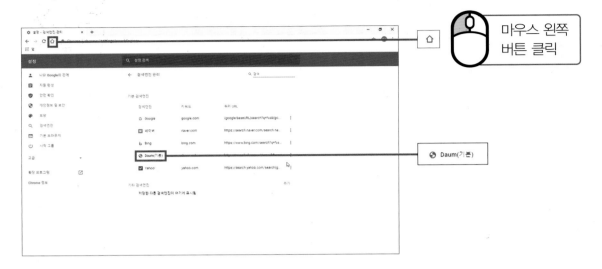

마우스 왼쪽
버튼 클릭

Daum(기본)

2) 검색하기

검색엔진을 사용하지 않고 주소 표시줄에 검색어를 입력해서 검색해 보겠습니다.

01 주소 표시줄을 클릭한 후 검색어(이 책에서는 '트로트')를 입력하고 [엔터
([Enter])] 키를 누릅니다.

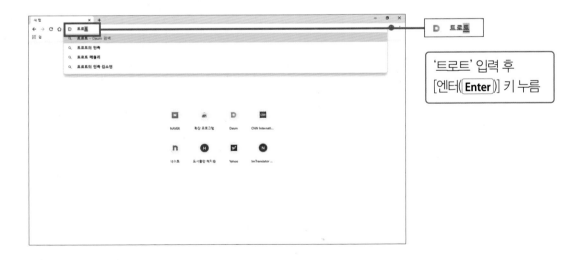

D 트로트

'트로트' 입력 후
[엔터([Enter])] 키 누름

검색어 결과가 나타납니다.

참고!

검색 결과 중에서 특정한 분야를 보고 싶다면 분야를 클릭합니다. 어떤 분야는 클릭했을 때 새로운 탭으로 열리는 것도 있습니다.

 화면을 아래로 드래그하면 분야별로 몇 개의 결과를 보여 줍니다. 보고 싶은 결과가 있는 분야(동영상)를 클릭합니다.

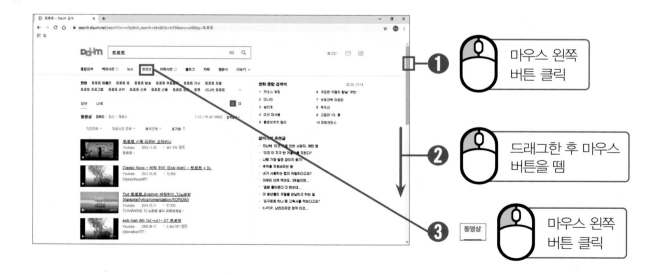

① 마우스 왼쪽 버튼 클릭

② 드래그한 후 마우스 버튼을 뗌

③ 마우스 왼쪽 버튼 클릭

화면을 위로 드래그하여 **더보기 ∨**를 클릭하고 [사이트]를 마우스 오른쪽 버튼으로 클릭한 후 [새 탭에서 링크 열기]를 클릭합니다.

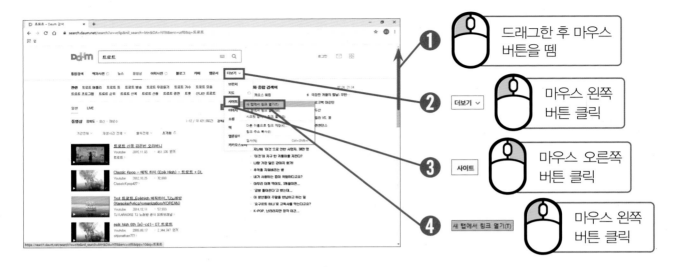

화면에 보이는 분야 이외에 새로운 분야는 [더보기]를 클릭해서 열 수 있습니다.

05 새로운 탭이 생성되면 새로운 탭을 클릭하여 내용을 봅니다.

인터넷에는 여러 개의 검색엔진이 있습니다. 네이버, 다음, 구글을 많이 사용합니다만 다른 검색엔진도 알아두면 좋습니다. 대부분의 검색엔진들이 이메일 서비스도 함께 제공하고 있습니다.

구글(https://www.google.com/) : 구글 사에서 제공하는 검색엔진입니다.

네이버(www.naver.com) : 다음과 함께 우리나라를 대표하는 포털 서비스 검색엔진입니다.

다음(www.daum.net) : 네이버와 함께 우리나라를 대표하는 포털 서비스 검색엔진입니다.

빙(https://www.bing.com/) : 마이크로소프트 사에서 제공하는 검색엔진입니다.

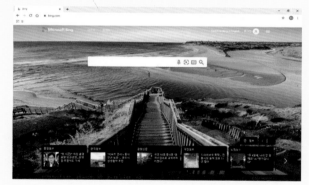

야후(https://www.yahoo.com/) : 야후에서 제공하는 검색엔진으로 주로 영어로 서비스를 제공합니다.

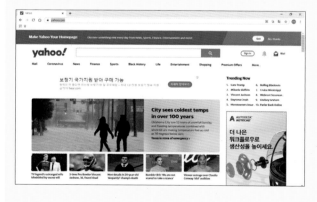

네이트(https://www.nate.com) : SK커뮤니케이션즈에서 제공하는 검색엔진으로 젊은이들이 많이 소통하는 웹사이트입니다.

동영상 : 검색한 결과와 관계가 있는 동영상을 보여 줍니다.

블로그 : 검색한 결과와 관련이 있는 블로그를 보여 줍니다.

백과사전 : 검색한 결과를 신뢰할 만한 사이트에서 보여 줍니다.

이미지 : 검색한 결과와 관련이 있는 이미지를 보여 줍니다.

쇼핑 : 검색한 결과와 관련이 있는 상품을 구매할 수 있도록 해 줍니다.

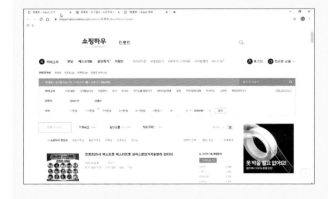

어학사전 : 검색한 결과에 대한 사전적 의미를 보여 줍니다.

어학사전 : 검색한 결과에 대한 사전적 의미를 보여 줍니다.

동영상 : 검색한 결과와 관계가 있는 동영상을 보여 줍니다.

지식백과 : 검색한 결과를 신뢰할 만한 사이트에서 보여 줍니다.

이미지 : 검색한 결과와 관련이 있는 이미지를 보여 줍니다.

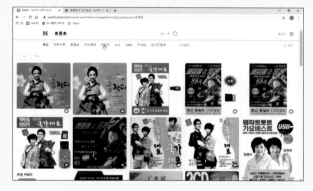

뉴스 : 검색한 결과와 관련이 있는 뉴스를 보여 줍니다.

VIEW : 검색한 결과와 관련이 있는 내용의 블로그와 카페를 보여 줍니다.

Section 09

오래전에 방문했던 사이트 찾아보기

인터넷으로 여기 저기 방문하다가 예전에 방문했던 사이트가 어디인지 기억이 나지 않을 경우 예전에 방문했던 기록을 찾아보면 됩니다.
방문 기록 삭제하기를 실행하면 방문했던 사이트의 기록도 삭제됩니다.

01 ⋮ (Chrome 맞춤 설정 및 제어)를 클릭하고 [방문 기록]을 클릭한 후 [방문 기록]을 클릭합니다.

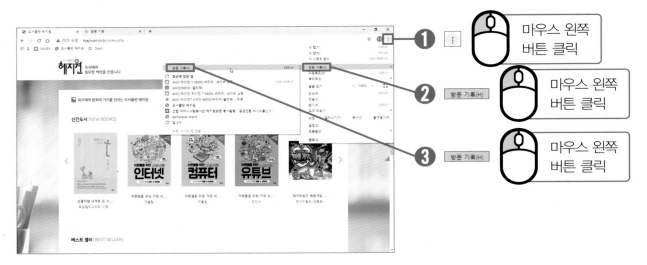

02 이전에 방문했던 기록들이 나타납니다. 방문하고 싶은 사이트를 클릭합니다.

03 클릭한 사이트로 이동합니다.

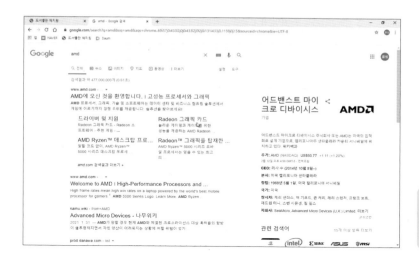

 참고!

이전의 방문 기록으로 이동하려면 [←] 를 클릭하면 됩니다.

 팁!

3개의 탭을 열어 놓고 웹사이트를 방문했을 경우 [방문 기록]을 보면 탭 3개라는 기록이 있습니다. [탭 3 개]를 클릭하면 방문했던 사이트의 탭들이 그대로 복원됩니다.

Section 10

방문 기록 삭제하기

인터넷을 하면 방문한 사이트들이 전부 기록됩니다. 기록들은 하드디크스의 용량을 차지해서 컴퓨터의 속도를 느리게 할 수도 있습니다. 방문 기록을 삭제해 보겠습니다. 방문 기록을 삭제하면 이전에 방문한 사이트의 주소를 잊었을 경우에 다시 찾을 수 없습니다.

01 ⋮(Chrome 맞춤 설정 및 제어)를 클릭하고 [방문 기록]을 클릭한 후 [방문 기록]을 클릭합니다.

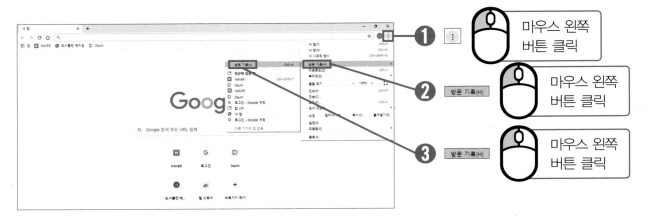

02 [인터넷 사용 기록 삭제]를 클릭합니다.

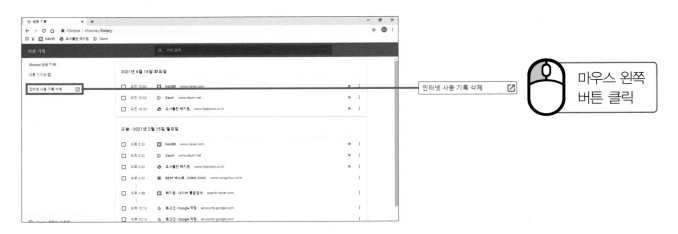

03 [기간]을 클릭한 후 [전체 기간]을 선택하고 [인터넷 사용 기록 삭제]를 클릭
합니다.

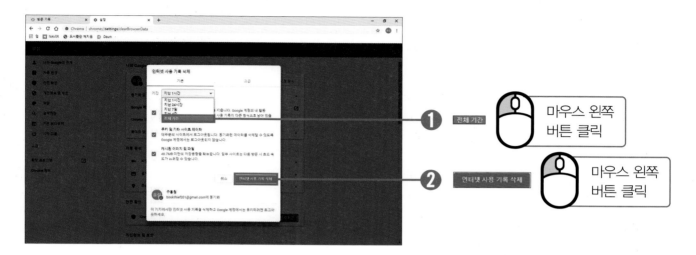

04 방문 기록이 삭제됩니다.

05 ⋮(Chrome 맞춤 설정 및 제어)를 클릭하고 [방문 기록]을 클릭한 후 [방문
기록]을 클릭하면 방문 기록이 삭제된 것을 알 수 있습니다.

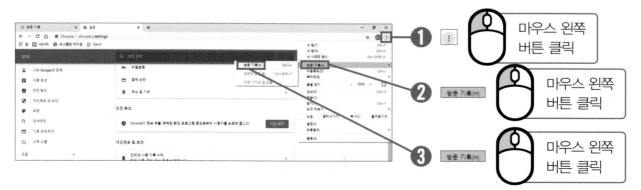

Section 11

네이버 메일 사용하기

네이버에서 메일을 만들어서 첨부 파일을 추가해 메일을 보내고, 받은 메일에 대해 답장을 보내 보겠습니다.

1) 네이버 메일 가입하기

네이버 메일에 가입을 하려면 핸드폰으로 문자를 받아서 인증을 해야 합니다.

01 네이버(www.naver.com)에 접속한 후 [회원가입]을 클릭합니다.

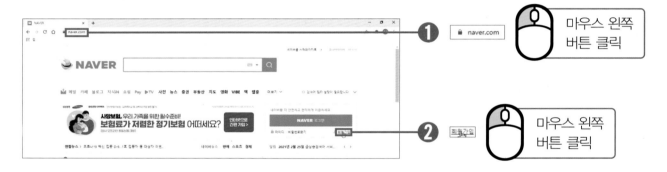

02 약관을 읽어 본 후 [모두 동의합니다]를 클릭합니다.

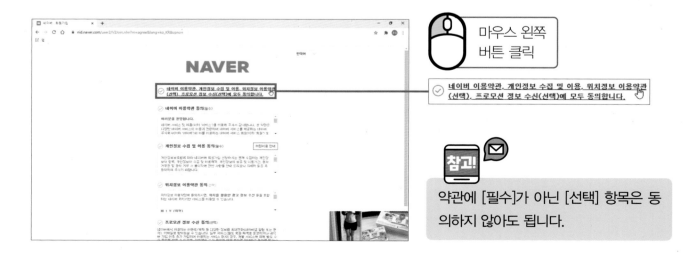

약관에 [필수]가 아닌 [선택] 항목은 동의하지 않아도 됩니다.

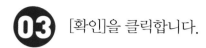 [확인]을 클릭합니다.

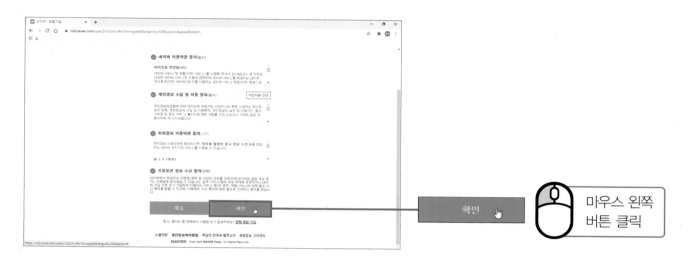

 아이디, 비밀번호, 이름을 입력한 후 생년월일을 입력하거나 선택합니다.

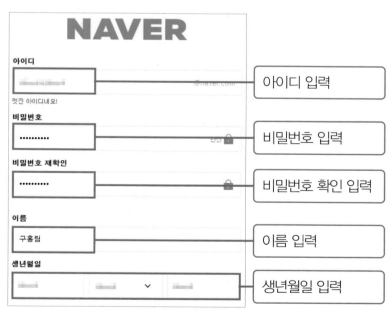

아이디는 자신을 표현할 수 있는 것으로 영문과 숫자를 섞어서, 비밀번호는 영문, 숫자, 특수 문자를 섞어서 만들어야 합니다. 비밀번호는 메모해 두거나 잘 기억해야 합니다.

05 성별을 선택한 후 [본인 확인 이메일]을 입력합니다. 핸드폰 번호를 입력한
후 [인증번호 받기]를 클릭합니다.

참고! 본인 확인 이메일은 선택 사항으로 반
드시 입력할 필요는 없습니다.

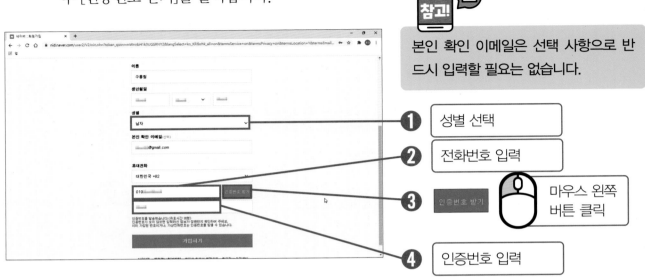

❶ 성별 선택

❷ 전화번호 입력

❸ 마우스 왼쪽 버튼 클릭

❹ 인증번호 입력

06 핸드폰으로 인증번호를 받아 입력하고 [일치]가 되면 [가입하기]를 클릭합
니다.

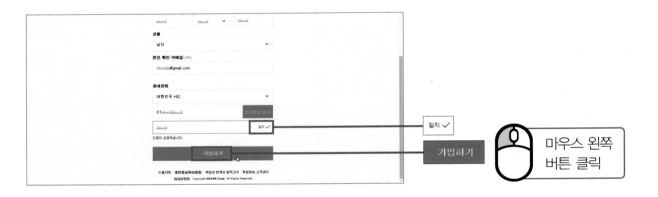

일치 ✓

가입하기 마우스 왼쪽 버튼 클릭

07 가입이 완료되면 [시작하기]를 클릭합니다.

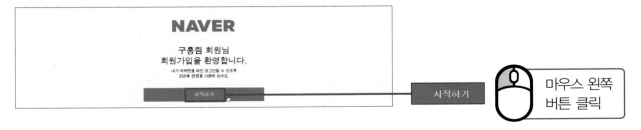

시작하기 마우스 왼쪽 버튼 클릭

2) 프로필 변경하기

네이버 회원정보의 프로필의 별명과 프로필 사진을 변경해 보겠습니다.

 [회원정보]를 클릭합니다.

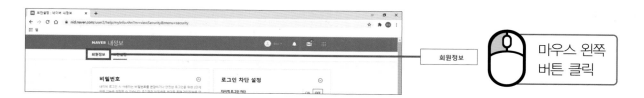

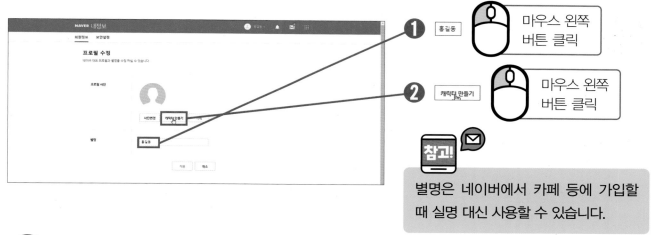 [별명]을 클릭한 후 별명으로 사용할 이름을 입력한 후 [캐릭터 만들기]를 클릭합니다.

참고!

별명은 네이버에서 카페 등에 가입할 때 실명 대신 사용할 수 있습니다.

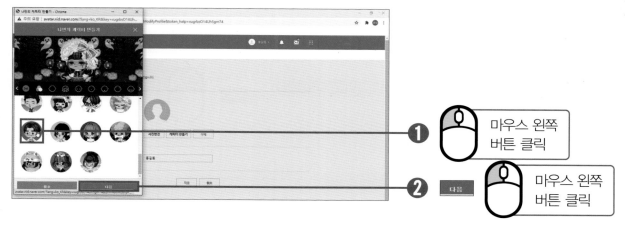 캐릭터 선택 화면에서 사용할 캐릭터를 클릭한 후 [다음]을 클릭합니다.

배경 색을 선택한 후 [다음]을 클릭합니다.

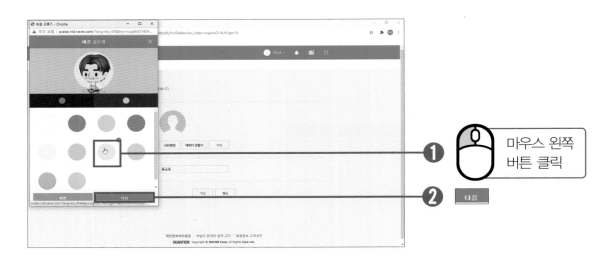

① 마우스 왼쪽
버튼 클릭

② 다음

05 캐릭터 결정을 위해 [확인]을 클릭합니다.

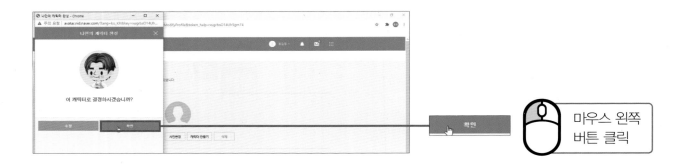

확인 마우스 왼쪽
버튼 클릭

06 프로필 사항을 적용하겠느냐는 질문에는 [확인]을 클릭합니다.

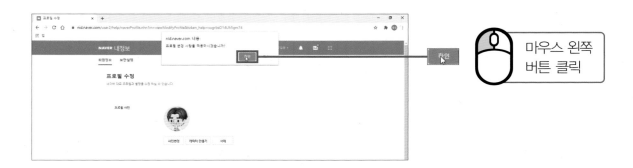

확인 마우스 왼쪽
버튼 클릭

07 [적용]을 클릭합니다.

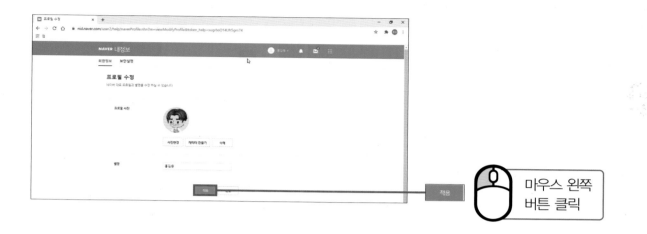

마우스 왼쪽
버튼 클릭

08 [회원정보]에 캐릭터와 별명을 확인한 후 [메일]을 클릭합니다.

마우스 왼쪽
버튼 클릭

09 메일을 처음 클릭하면 안내가 나오는데 ⟩를 클릭한 후 [받은 메일함 가기]
를 클릭합니다.

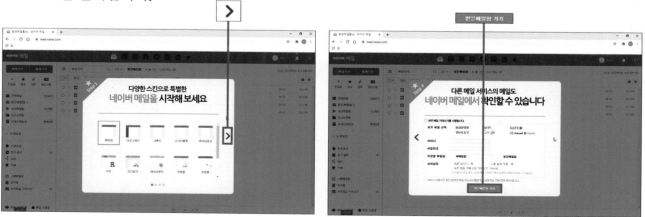

3) 메일 쓰기

처음으로 다른 사람에게 사진을 첨부해서 메일을 보낸 후 상대방의 이메일 주소를
주소록에 저장해 보겠습니다.

 [메일 쓰기]를 클릭합니다.

[받는 사람] 입력란을 클릭하고 메일을 받을 사람의 이메일 주소를 입력하고,
[제목] 입력란을 클릭하여 제목을 입력한 후 [내용] 입력란을 클릭하여 내용을
입력합니다. 그림 파일을 첨부하기 위해 [파일 첨부]의 [내 PC]를 클릭합니다.

첨부할 파일이 있는 폴더를 차례로 클릭하거나 더블클릭하여 선택합니다. 첨
부할 그림을 더블클릭합니다.

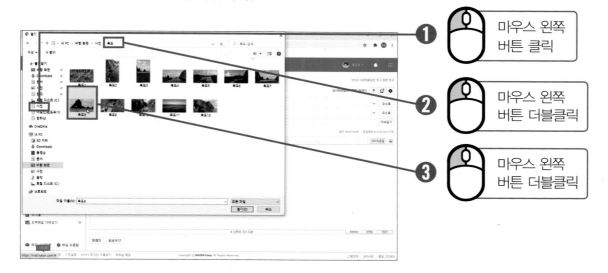

1. 마우스 왼쪽 버튼 클릭
2. 마우스 왼쪽 버튼 더블클릭
3. 마우스 왼쪽 버튼 더블클릭

참고!

파일을 클릭한 후 [열기]를 클릭해도 됩니다.

 파일이 첨부되면 [보내기]를 클릭합니다.

마우스 왼쪽 버튼 클릭

05 파일을 성공적으로 보냈다는 메시지가 나타나면 [이름] 입력란을 클릭하여 파일을 받을 사람의 이름을 입력한 후 [주소록에 저장]을 클릭합니다.

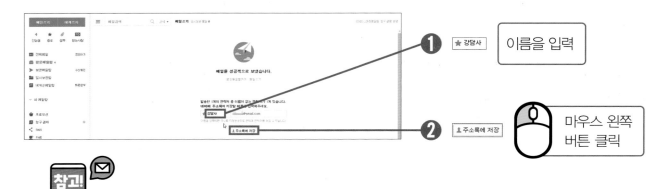

참고! 주소록에 저장하면 이후에 메일을 보낼 때 [받는 사람] 이름을 입력하면 자동으로 메일 주소가 입력됩니다.

06 [보낸 편지함]의 [수신 확인]을 클릭하여 메일이 전송되었는지 확인합니다.

참고! 내가 메일을 보낸 시간과 메일의 상태가 나타납니다. 메일의 상태가 [읽지 않음]일 경우 [발송 취소]가 있다면 메일의 발송을 취소할 수 있습니다. 받는 사람의 메일 주소에 따라 [발송 취소] 옵션이 없는 경우도 있습니다.

팁! 수신 확인

상대방이 메일을 읽었다면 메일을 읽은 날짜와 시간이 표시됩니다.

4) 받은 메일에 답장 보내기

상대방이 나에게 보낸 메일을 읽고 답장을 보내 보겠습니다.

01 [받은 메일함]을 클릭한 후 읽지 않은 메일을 클릭합니다.

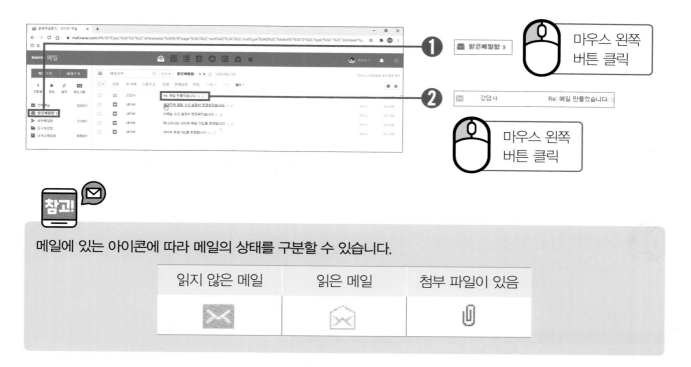

참고! 📩

메일에 있는 아이콘에 따라 메일의 상태를 구분할 수 있습니다.

읽지 않은 메일	읽은 메일	첨부 파일이 있음
✉	✉	📎

02 상대방이 보낸 메일이 열리면서 내용을 볼 수 있습니다. [답장]을 클릭합니다.

내용을 입력한 후 [보내기]를 클릭합니다.

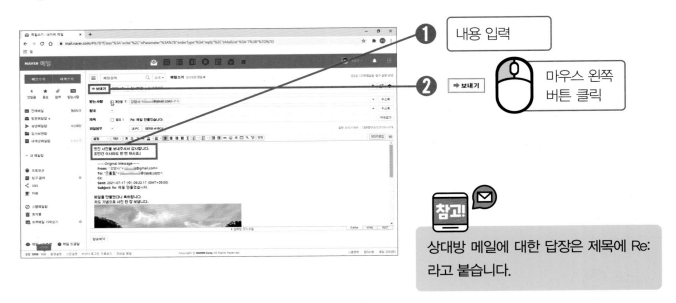

① 내용 입력

② 마우스 왼쪽
버튼 클릭

참고!

상대방 메일에 대한 답장은 제목에 Re:
라고 붙습니다.

04 메일을 성공적으로 보냈다는 메시지가 나오면 [보낸 메일함]의 [수신 확인]을
클릭합니다.

마우스 왼쪽
버튼 클릭

05 메일이 제대로 발송되었습니다.

참고!

메일을 보냈다고 상대방이 바로 읽는
것이 아니므로 [수신 확인]은 메일을 제
대로 보냈는지 확인하는 정도로 보면
됩니다.

5) 메일 삭제하기

광고성 스팸 메일과 불필요한 메일을 삭제하고 완전히 삭제하는 방법에 대해 알아보
겠습니다.

01 [받은 메일함]을 클릭한 후 삭제할 메일을 차례로 클릭하고 [삭제]를 클릭합
니다.

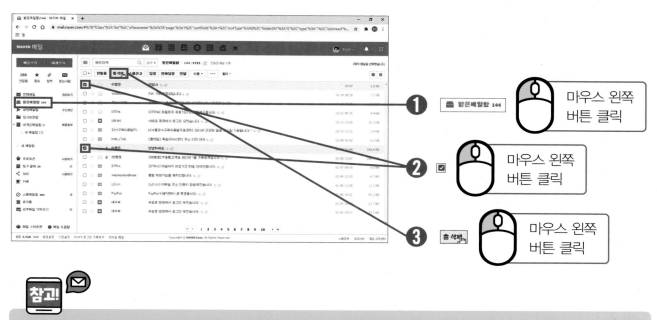

받은 메일함에서 삭제하면 휴지통으로 이동합니다. 휴지통에 있는 메일은 다시 복구할 수 있습니다.

02 휴지통을 클릭하고 [영구 삭제]를 클릭하거나 [휴지통]의 🗑를 클릭한 후 휴
지통을 비우겠느냐는 메시지가 나타나면 [확인]을 클릭합니다.

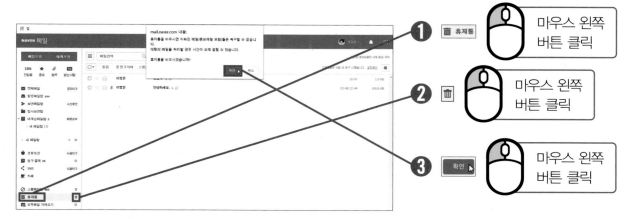

휴지통에 있던 메일이 완전히 삭제됩니다.

휴지통의 메일은 삭제하면 다시 복구할 수 없습니다.

 스팸 메일함을 삭제하기 위해 스팸 메일함의 🗑를 클릭한 후 비우겠느냐는
메시지가 나타나면 [확인]을 클릭합니다.

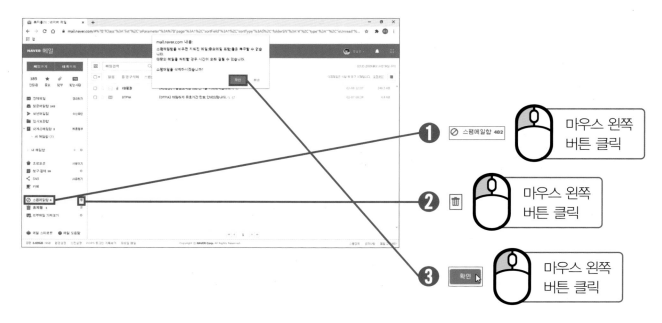

스팸 메일이 완전히 삭제됩니다.

🔊 팁! **휴지통에 있는 메일 복구하기**

휴지통에 있는 메일을 받은 메일함으로 이동하려면

01 휴지통을 클릭한 후 **02** 복구할 메일을 클릭하고

03 [이동]을 클릭하여 **04** [받은 메일함]을 선택한 후 **05** [이동]을 클릭합니다.

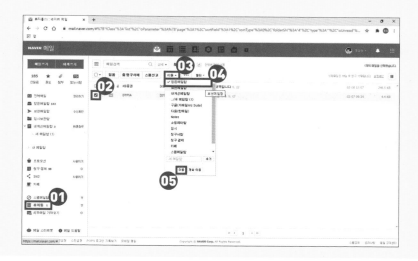

확장 프로그램 사용하기

인터넷을 하면서 도움이 되는 프로그램을 크롬에 설치해서 사용할 수 있습니다. 다양한 확장 프로그램이 있지만 여기서는 광고 차단, 번역 프로그램 등의 확장 프로그램을 설치해 보겠습니다.

1) 광고 차단 앱

인터넷에서 강제로 보여주는 광고를 차단하는 프로그램입니다.

01 ⋮ (Chrome 맞춤 설정 및 제어)를 클릭합니다.

마우스 왼쪽
버튼 클릭

02 화면을 스크롤하여 아래로 내린 후 [Chrome 웹 스토어 열기]를 클릭합니다.

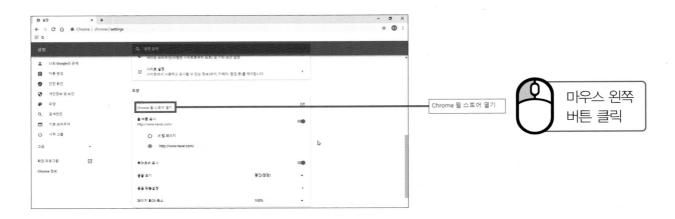

Chrome 웹 스토어 열기

마우스 왼쪽
버튼 클릭

03 웹 스토어에서 [스토어 검색] 입력란을 클릭한 후 검색할 단어(이 책에서는 '광고차단')를 입력하고 [엔터([Enter])] 키를 누릅니다. 결과가 나타나면 설치할 프로그램을 클릭합니다.

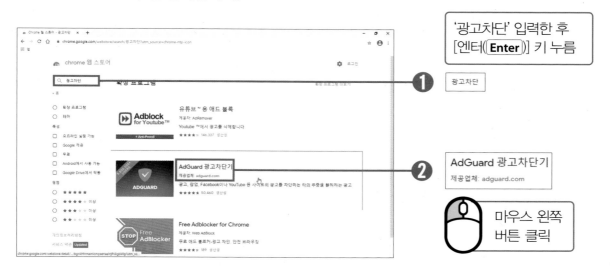

'광고차단' 입력한 후
[엔터([Enter])] 키 누름

광고차단

AdGuard 광고차단기
제공업체: adguard.com

마우스 왼쪽
버튼 클릭

04 [Chrome에 추가]를 클릭합니다.

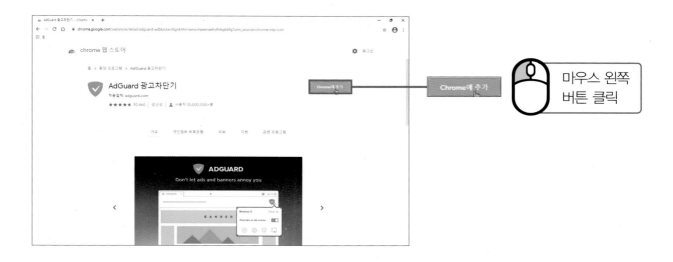

Chrome에 추가

마우스 왼쪽
버튼 클릭

05 확장 프로그램에 추가하겠느냐는 질문 창이 나타나면 [확장 프로그램 추가]
를 클릭합니다.

마우스 왼쪽
버튼 클릭

06 확장 프로그램 표시(🧩)가 나타나면 클릭하여 [고정(📌)]을 클릭합니다.

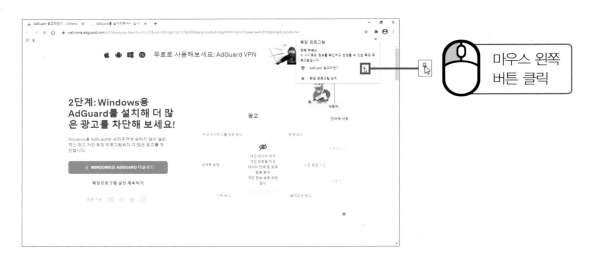

마우스 왼쪽
버튼 클릭

고정되면 핀 아이콘이 📌 모양이 됩니다.

광고 차단 프로그램 아이콘이 나타납니다.

광고 차단 프로그램
아이콘 생성

2) 번역 앱

인터넷을 하면서 실시간으로 외국어로 된 사이트를 번역해 줍니다. 발음도 들을 수
있습니다.

 웹 스토어에서 [스토어 검색] 입력란을 클릭한 후 검색할 단어(이 책에서는
'번역')을 입력한 후 [엔터([Enter])] 키를 누릅니다. 결과가 나타나면 설치할
앱을 클릭합니다.

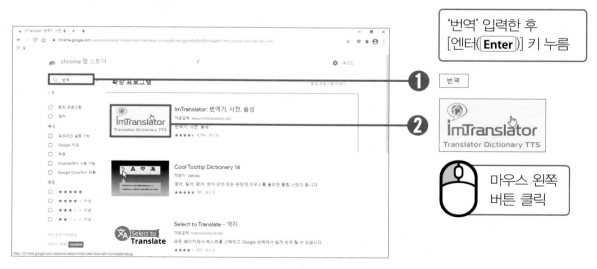

'번역' 입력한 후
[엔터([Enter])] 키 누름

번역

마우스 왼쪽
버튼 클릭

 **[Chrome에 추가]**를 클릭합니다.

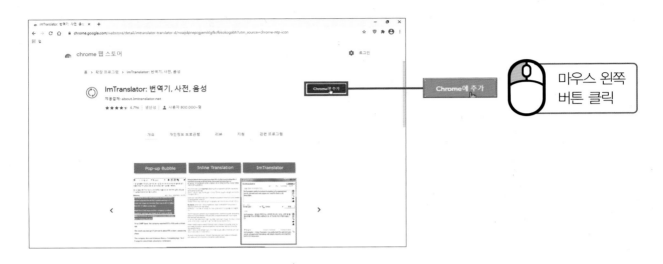

마우스 왼쪽
버튼 클릭

03 확장 프로그램에 추가하겠느냐는 질문 창이 나타나면 [확장 프로그램 추가]
를 클릭합니다.

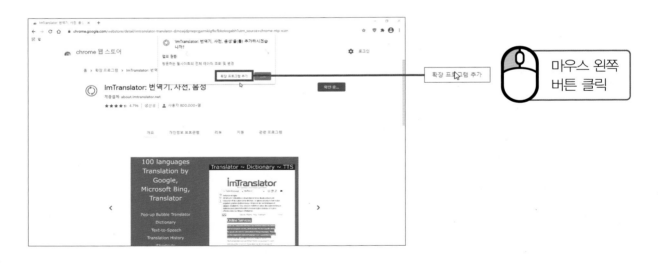

마우스 왼쪽
버튼 클릭

동기화를 사용하겠느냐는 질문 창이 나타나면 [닫기(×)]를 클릭합니다.

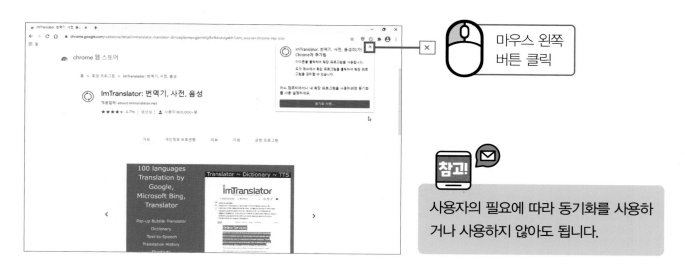

마우스 왼쪽
버튼 클릭

참고!

사용자의 필요에 따라 동기화를 사용하
거나 사용하지 않아도 됩니다.

05 번역기 아이콘(◎)이 생성됩니다. 번역을 시험하기 위해 [인터넷 주소] 입력
란을 클릭하고 주소(이 책에서는 'www.cnn.com')를 입력한 후 [엔터(Enter)] 키를 누릅니다.

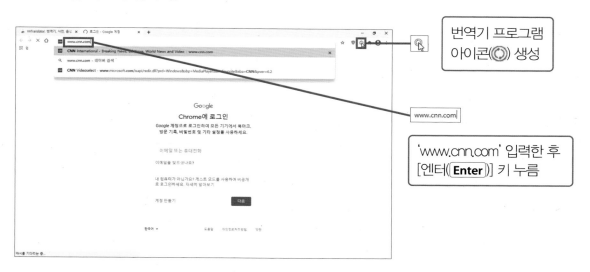

번역기 프로그램
아이콘(◎) 생성

www.cnn.com

'www.cnn.com' 입력한 후
[엔터(Enter)] 키 누름

 참고!

영어 번역을 확인하기 위해 미국 뉴스 사이트인 CNN으로 이동할 것입니다.

06 번역할 내용의 시작 부분을 마우스 버튼으로 클릭한 채 드래그하여 내용의
마지막까지 블록으로 설정한 후 ◎(번역기)를 클릭합니다.

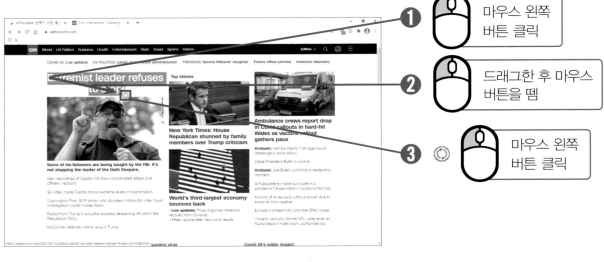

❶ 마우스 왼쪽 버튼 클릭

❷ 드래그한 후 마우스 버튼을 뗌

❸ ◎ 마우스 왼쪽 버튼 클릭

번역할 내용을 블록으로 설정하면 자동으로 번역기 아이콘이 생성됩니다.

07 번역기 창이 나타나면 오른쪽의 ❤를 클릭하여 [Korean]을 클릭합니다.

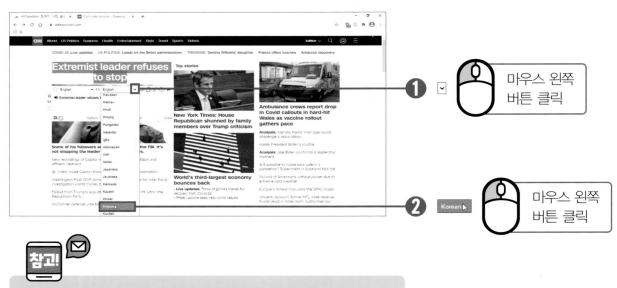

❶ ⌄ 마우스 왼쪽 버튼 클릭

❷ Korean 마우스 왼쪽 버튼 클릭

왼쪽과 오른쪽에서 각각 선택한 언어는 상호 번역됩니다.

08 자동으로 번역이 됩니다. ⏸를 클릭하면 선택한 내용을 원어로 들려줍니다.

마우스 왼쪽
버튼 클릭

팁! 번역기의 종류

번역기 확장 프로그램은 구글과 마이크로소프트 사에서 지원하는 두 가지 형태를 제공하고 있습니다.

• G : 구글에서 지원하는 번역기입니다.

• M : 마이크로소프트에서 지원하는 번역기입니다.

3) 앱 삭제하기

설치되어 있는 확장 프로그램을 삭제해야 하는 경우가 있습니다. 확장 프로그램을
삭제해 보겠습니다.

01 삭제할 프로그램의 아이콘을 마우스 오른쪽 버튼을 클릭한 후 [Chrome에
서 삭제]를 클릭합니다.

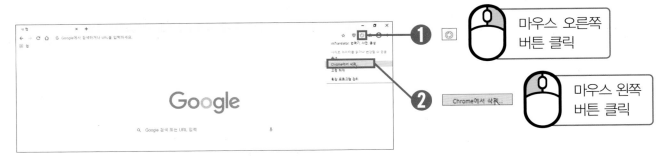

02 삭제하겠느냐는 메시지가 나타나면 [삭제]를 클릭합니다.

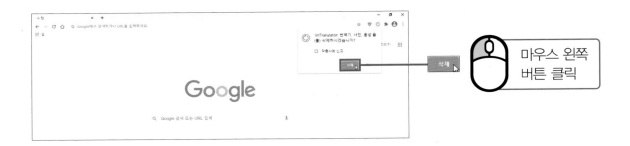

03 아이콘이 삭제됩니다.

제 07장

내 컴퓨터 관리하기

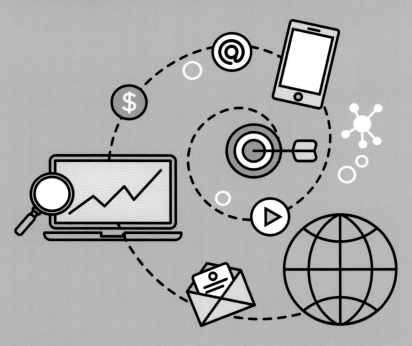

윈도우10을 사용하면서 알아야 하는 기본적인 내 컴퓨터 관리에 대해서 알아보겠습니다. 내 컴퓨터의 시스템 사양은 어떻게 되는지, 하드디스크의 용량을 좀 더 절약할 수 있는 방법, 컴퓨터의 속도를 좀 더 빠르게 할 수 있는 방법, 프로그램을 설치하는 방법 등에 대해서 알아보겠습니다.

Section 01

내 시스템(사양) 알아보기

내가 사용하고 있는 컴퓨터의 사양(스펙)에 대해서 알아보겠습니다. 컴퓨터의 사양은 CPU의 종류, 램의 크기, 하드디스크 또는 SSD라고 부르는 저장 장치의 용량, 그래픽 카드의 종류 등을 말합니다.

일반적으로 컴퓨터의 사양(스펙)이라고 부를 때는 프로세서(CPU), 램(RAM), 하드디스크나 SSD의 용량을 말합니다.

- **프로세서(CPU)** : 컴퓨터의 가장 중요한 부품인 CPU(씨피유)입니다. 이 컴퓨터는 AMD 라이젠5 3600의 CPU가 설치되어 있습니다. CPU의 속도가 빠를수록 프로그램을 실행했을 때 빠르게 실행합니다.

- **설치된 램(RAM)** : 주기억 장치로 램의 용량이 클수록 명령을 수행하는 데 도움이 됩니다.

- **에디션** : 현재 컴퓨터에 설치된 윈도우 버전으로 이 컴퓨터에는 윈도우10 프로 버전이 설치되어 있습니다.

- **하드디스크** : 보조 기억 장치로 용량에 499,430…이라고 쓰여 있다면 약 500기가바이트의 하드디스크(SSD)가 설치되어 있는 것입니다. 하드디스크의 용량이 클수록 더 많은 파일(데이터)을 저장할 수 있습니다.

01 [탐색기]를 실행한 후 [내 PC]를 마우스 오른쪽 버튼을 클릭하여 [속성]을 클릭합니다.

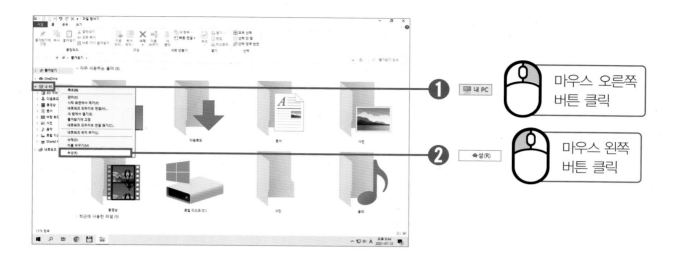

02 내 컴퓨터의 정보가 나타납니다. 정보를 확인한 후 [닫기(×)]를 클릭합니다.

컴퓨터의 사양에는 프로세서(CPU), 설치된 램(RAM)이 포함됩니다.

03 하드디스크의 용량을 확인하기 위해 [내 PC]를 클릭한 후 [로컬 디스크 C:]
를 마우스 오른쪽 버튼으로 클릭한 후 [속성]을 클릭합니다.

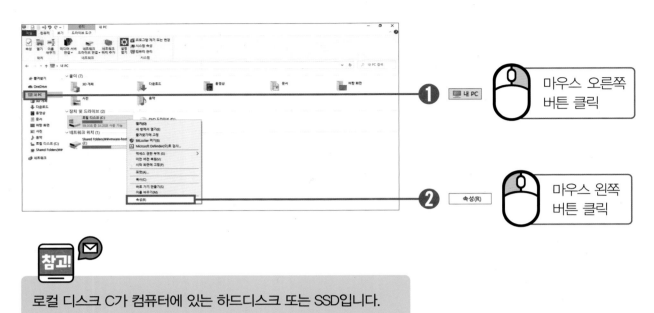

로컬 디스크 C가 컴퓨터에 있는 하드디스크 또는 SSD입니다.

04 하드디스크의 용량이 나타납니다.

전체 용량과 사용한 용량, 사용 가능한 용량이 표시됩니다.

📢 팁! 하드디스크(HDD)와 SSD(Solid State Drive)

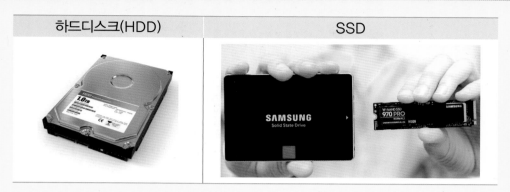

하드디스크(HDD)	SSD

하드디스크(HDD)는 현재 가장 많이 사용하는 저장 장치입니다. SSD에 비해 크기도 크고 속도가 느리다는 단점이 있습니다.

SSD(Solid State Drive)는 반도체를 이용한 저장 장치입니다. 하드디스크에 비해 크기가 작고 속도가 무척 빠릅니다. 예전에는 저장 장치로 하드디스크를 많이 사용했지만 점점 SSD를 많이 사용하고 있습니다.

하드디스크와 SSD의 용량은 메가바이트(메가, MB)를 사용했지만 하드디스크의 용량이 점점 커짐에 따라 기가바이트(기가, GB), 테라바이트(테라, TB)까지 사용하고 있습니다.

현재 대부분의 하드디스크나 SSD는 테라바이트 크기가 가장 많습니다.

📢 팁! 하드디스크(HDD)와 SSD(Solid State Drive)

[탐색기]에서 [시스템 속성]을 클릭해도 내 컴퓨터의 정보를 볼 수 있습니다.

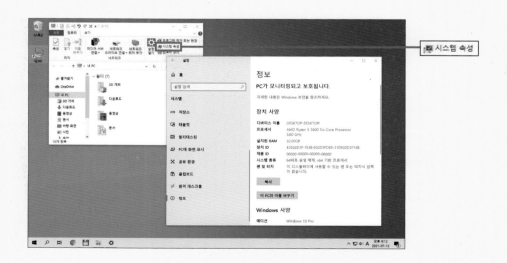

Section 02

드라이브 조각 모음 및 최적화하기

하드디스크에 파일을 저장하면 순차적으로 저장하는 것이 아니라 빈 공간에 무작위로 저장을 합니다. 파일을 읽어 들일 때 이곳저곳에 무작위로 저장된 파일을 읽어야 하기 때문에 속도가 느려질 수 있습니다. 드라이브 조각 모음 및 최적화는 무작위로 저장된 파일을 한 곳으로 모아 읽어 들일 때 속도를 빠르게 해 줍니다.

01 [시작(⊞)] 버튼을 클릭한 후 [Windows 관리 도구]-[드라이브 조각 모음 및 최적화]를 클릭합니다.

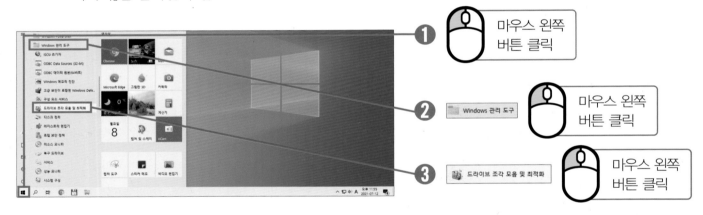

① 마우스 왼쪽 버튼 클릭

② Windows 관리 도구 → 마우스 왼쪽 버튼 클릭

③ 드라이브 조각 모음 및 최적화 → 마우스 왼쪽 버튼 클릭

02 최적화할 드라이브를 클릭한 후 [최적화]를 클릭합니다.

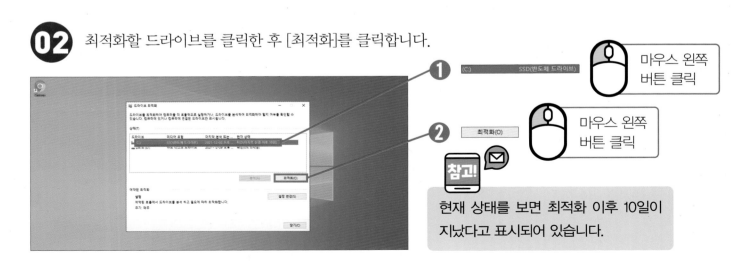

① (C:) SSD(반도체 드라이브) → 마우스 왼쪽 버튼 클릭

② 최적화(O) → 마우스 왼쪽 버튼 클릭

참고! 현재 상태를 보면 최적화 이후 10일이 지났다고 표시되어 있습니다.

03 최적화가 끝나면 현재 상황이 최적화 실행 이후 0일로 표기됩니다. [닫기]를 클릭합니다.

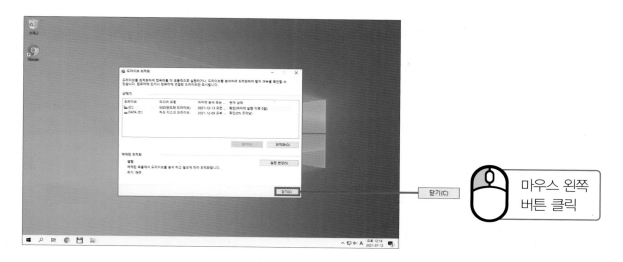

닫기(C)

마우스 왼쪽
버튼 클릭

참고

최적화의 속도는 컴퓨터나 하드디스크의 용량 크기 등에 따라 다를 수 있습니다.

팁! 다른 방법으로 드라이브 조각 모음 및 최적화하기

탐색기에서 최적화할 **01** 드라이브를 클릭한 후 **02** [관리]-[드라이브 도구]를 클릭하여 **03** [최적화] 메뉴를 클릭해도 됩니다.

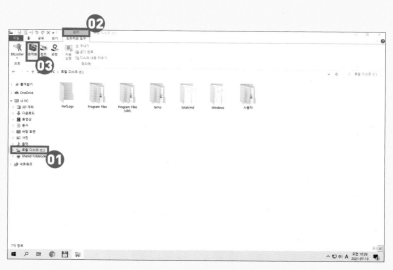

Section 03 디스크 정리하기

컴퓨터를 오래 사용하다 보면 프로그램 설치나 인터넷 사용 시 임시 파일, 백업 파일, 업데이트 파일 등이 생성될 수 있습니다.

이런 파일들은 컴퓨터를 느리게 하거나 오동작을 일으키는 원인이 될 수도 있으며 불필요하게 하드디스크의 공간을 차지합니다.

여기서는 임시로 생성된 파일이나 휴지통 등에 있는 불필요한 파일을 완전히 삭제하는 방법에 대해 알아보겠습니다.

01 [시작(■)] 버튼을 클릭한 후 [Windows 관리 도구]-[디스크 정리]를 클릭합니다.

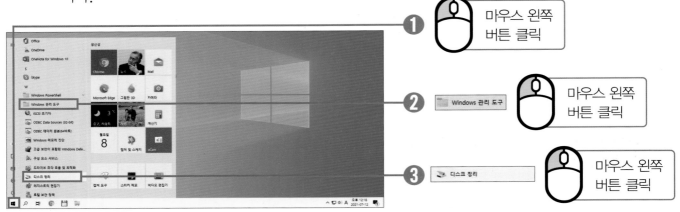

❶ 마우스 왼쪽 버튼 클릭

❷ Windows 관리 도구 — 마우스 왼쪽 버튼 클릭

❸ 디스크 정리 — 마우스 왼쪽 버튼 클릭

02 [디스크 정리] 대화 상자에서 항목을 더 선택하기 위해 아래로 스크롤 합니다.

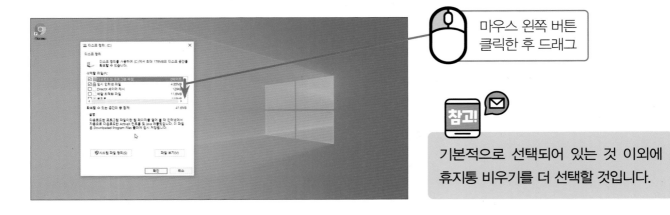

마우스 왼쪽 버튼 클릭한 후 드래그

참고!

기본적으로 선택되어 있는 것 이외에 휴지통 비우기를 더 선택할 것입니다.

03 [휴지통]을 클릭한 후 [확인]을 클릭하면 파일을 완전히 삭제하겠느냐는 메
시지가 나오는데 [파일 삭제]를 클릭합니다.

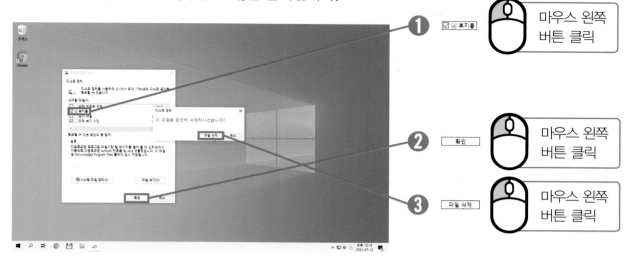

04 디스크 정리 진행이 완료되면 바탕화면이 나타납니다.

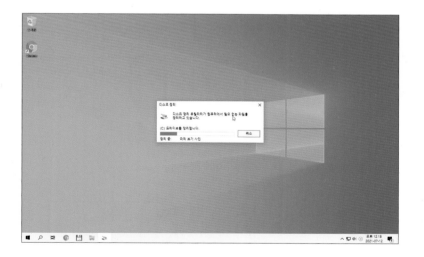

Section

04

컴퓨터 속도를 빠르게 하기

컴퓨터의 전원을 켜면(부팅(Booting)) 윈도우10이 실행되면서 몇 가지 프로그램을 사용자의 눈에는 보이지 않지만 자동으로 실행합니다. 윈도우10이 실행되어 있는 상태라면 계속해서 컴퓨터의 기능을 사용하고 있는 것입니다.

어떤 사용자에게는 필요한 경우도 있지만 불필요한 경우도 있습니다. 여기서는 사용자에 따라서는 불필요할 수도 있는 프로그램을 컴퓨터가 시작할 때 사용하지 않도록 하는 방법에 대해 알아보겠습니다.

01 상태 표시줄에서 마우스 오른쪽 버튼을 클릭한 후 [작업 관리자]를 클릭합니다.

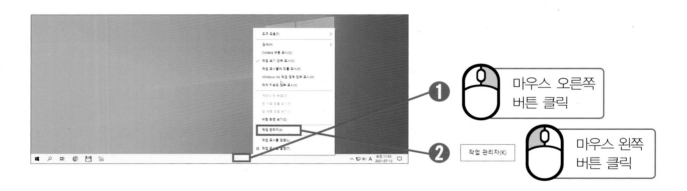

① 마우스 오른쪽 버튼 클릭

② 마우스 왼쪽 버튼 클릭

02 [작업 관리자]에서 [시작 프로그램] 탭을 클릭합니다. [상태] 항목을 클릭하여 [사용]과 [사용 안 함]으로 구분합니다.

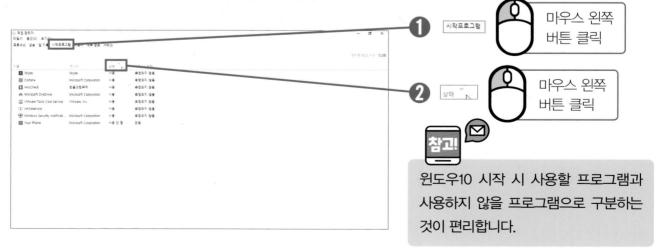

① 마우스 왼쪽 버튼 클릭

② 마우스 왼쪽 버튼 클릭

참고! 윈도우10 시작 시 사용할 프로그램과 사용하지 않을 프로그램으로 구분하는 것이 편리합니다.

사용하지 않을 프로그램을 마우스 오른쪽 버튼으로 클릭한 후 [사용 안 함]
을 클릭합니다.

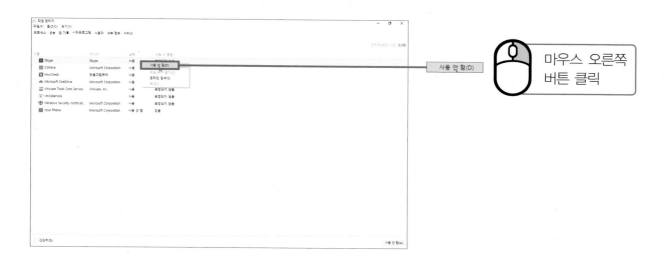

마우스 오른쪽
버튼 클릭

 선택한 프로그램이 상태가 [사용 안 함]으로 변경됩니다. 계속해서 윈도우
10 시작 시 사용하지 않을 프로그램을 마우스 오른쪽 버튼으로 클릭한 후
[사용 안 함]을 클릭합니다.

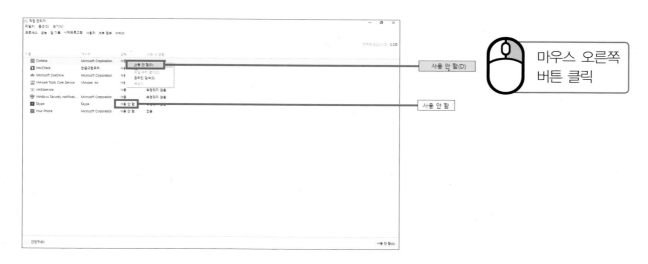

마우스 오른쪽
버튼 클릭

사용 안 함으로 변경하는 것은 사용자의 필요에 따라 원하는 대로 선택하면 됩니다.

설정이 끝났으면 [닫기(×)]를 클릭합니다.

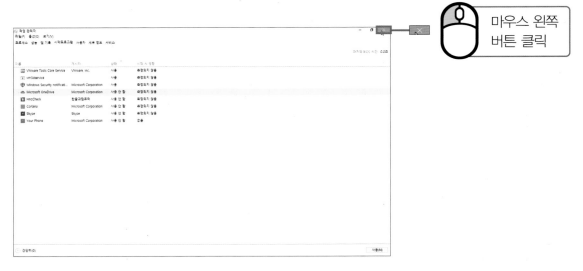

마우스 왼쪽
버튼 클릭

 [시작(⊞)] 버튼을 클릭한 후 [전원]을 클릭하고 [다시 시작]을 클릭합니다.

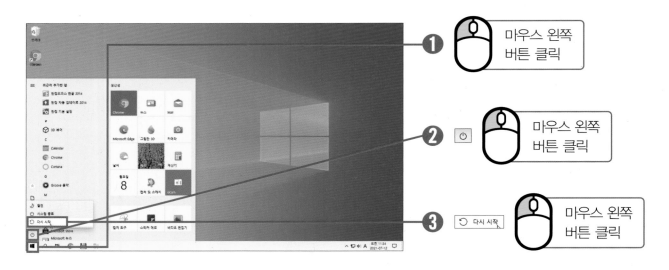

❶ 마우스 왼쪽
버튼 클릭

❷ 마우스 왼쪽
버튼 클릭

❸ 마우스 왼쪽
버튼 클릭

윈도우10을 다시 시작해야 변경한 내용이 적용됩니다.

Section 05

프로그램 삭제하기

윈도우10의 프로그램은 윈도우10에 기본적으로 포함된 프로그램과 사용자가 설치한 프로그램으로 구분됩니다. 기본적으로 포함된 프로그램은 삭제가 불가능하며 외부에서 설치된 프로그램만 삭제가 가능합니다. 여기서는 프로그램을 삭제하는 방법에 대해서 알아보겠습니다.

01 [시작(■)] 버튼을 클릭한 후 [설정]을 클릭합니다.

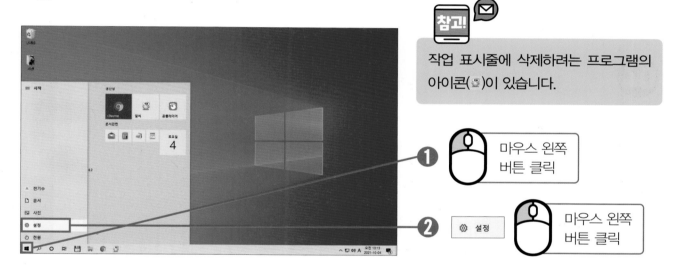

참고! 작업 표시줄에 삭제하려는 프로그램의 아이콘(⊙)이 있습니다.

① 마우스 왼쪽 버튼 클릭

② ⚙ 설정 — 마우스 왼쪽 버튼 클릭

02 [앱]을 클릭합니다.

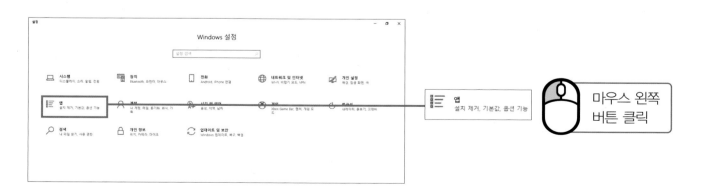

앱
설치 제거, 기본값, 옵션 기능 — 마우스 왼쪽 버튼 클릭

03 삭제할 프로그램을 클릭한 후 [제거]를 클릭하고 [제거]를 클릭합니다.

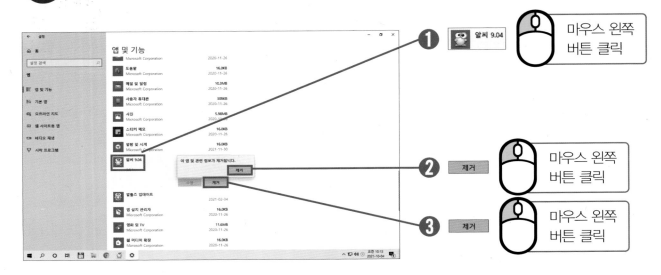

04 프로그램을 제거하겠느냐는 메시지가 나타나면 [예]를 클릭합니다.

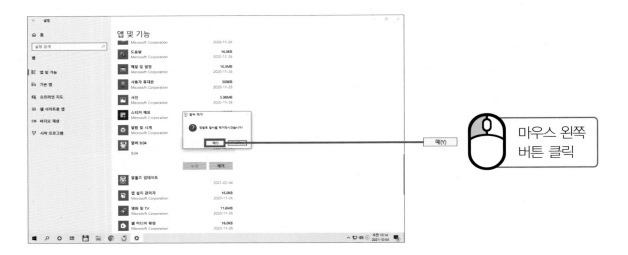

05 제거가 진행된 후 알림이 나타나면 [확인]을 클릭한 후 [닫기(×)]를 클릭합니다.

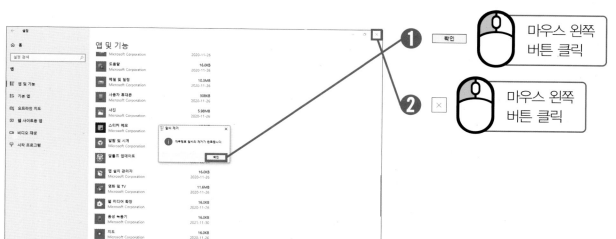

06 작업 표시줄의 해당 프로그램의 아이콘의 모양이 백색으로 바뀝니다. 클릭하면 바로가기 아이콘을 삭제하겠느냐는 메시지가 나타납니다. [예]를 클릭합니다.

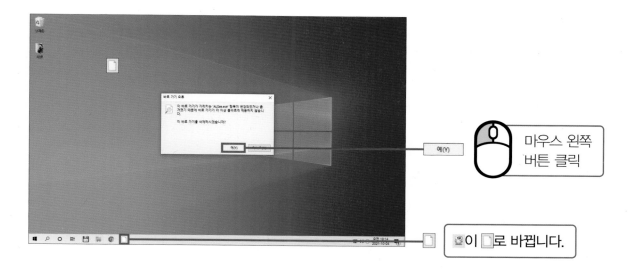

07 작업 표시줄의 아이콘이 삭제됩니다.

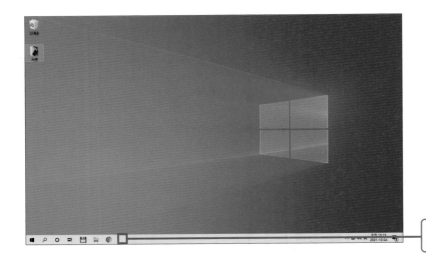

📄 아이콘이 삭제됩니다.

팁!

시작화면에 아이콘이 있다면 **01** 아이콘을 마우스 오른쪽 버튼으로 클릭한 후 **02** [제거]를 클릭하면 됩니다.

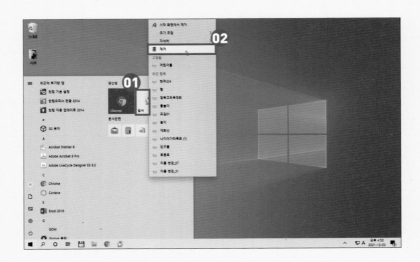

무료 서체 사용하기

문서 작업을 하다 보면 예쁜 서체(폰트)가 필요한 경우가 있습니다. 인터넷을 검색해서 무료 서체를 다운로드받아 설치해 보겠습니다. 서체의 설치는 프로그램의 설치와 달리 간단합니다.

01 네이버(www.naver.com)의 [검색어] 입력란을 클릭한 후 '무료서체'라고 입력한 후 [엔터([Enter])] 키를 누릅니다.

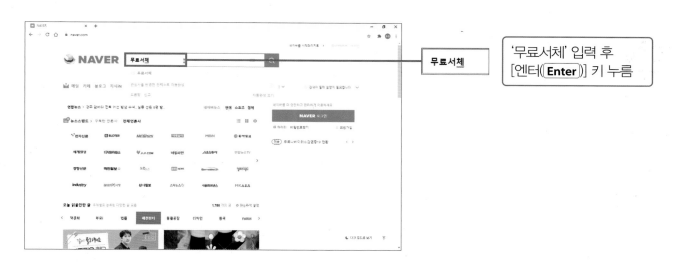

무료서체

'무료서체' 입력 후 [엔터([Enter])] 키 누름

02 [폰트 정보 더 보기]를 클릭합니다.

마우스 왼쪽 버튼 클릭

03 폰트 목록을 본 후 설치하고 싶은 폰트를 클릭합니다.

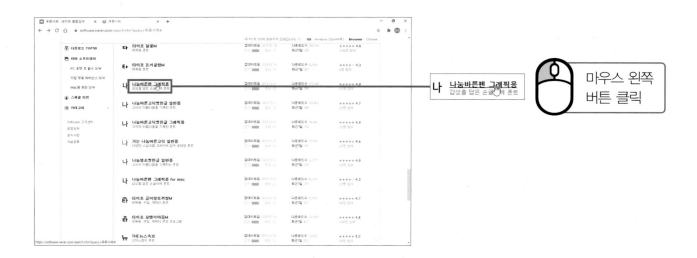

마우스 왼쪽
버튼 클릭

04 화면을 아래로 드래그하여 사용 범위를 읽은 후 [다운로드]를 클릭합니다.

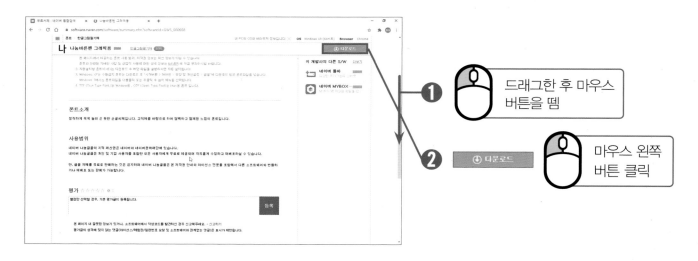

① 드래그한 후 마우스
버튼을 뗌

② 마우스 왼쪽
버튼 클릭

상업적으로 이용하려면 사용 범위를 확인해야 합니다.

일반 속도로 [다운로드]를 클릭합니다.

마우스 왼쪽
버튼 클릭

06 서체를 확인한 후 [다운로드]를 클릭합니다.

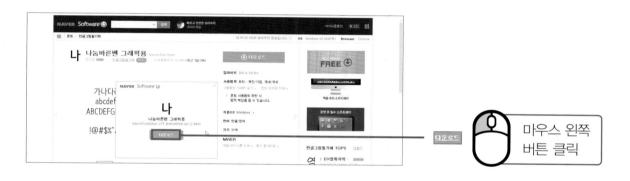

마우스 왼쪽
버튼 클릭

07 다운로드가 완료되면 완료된 파일을 클릭합니다.

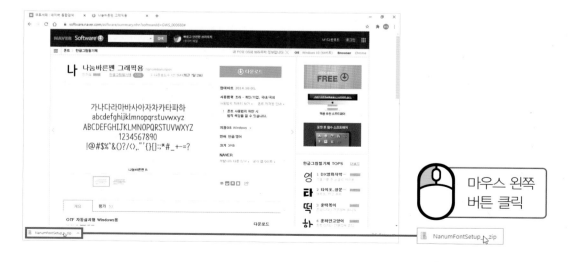

마우스 왼쪽
버튼 클릭

08 압축 파일이 열리면 압축을 풀 파일을 드래그하여 선택합니다.

드래그한 후 마우스 버튼을 뗌

09 압축을 풀어 저장할 폴더를 확인한 후 [압축 풀기]를 클릭합니다.

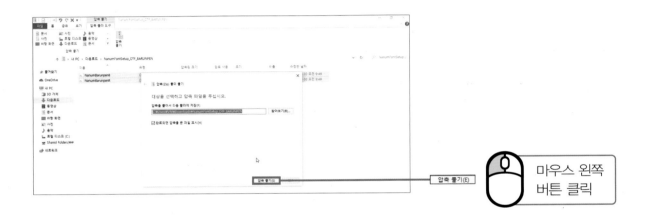

마우스 왼쪽 버튼 클릭

10 압축이 풀리면 서체가 있는 폴더가 열리는데 서체를 선택한 후 마우스 오른쪽 버튼을 클릭하여 [설치]를 클릭합니다.

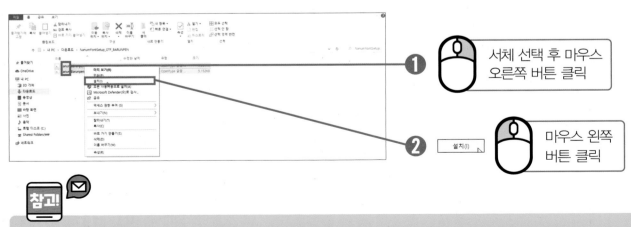

❶ 서체 선택 후 마우스 오른쪽 버튼 클릭

❷ 마우스 왼쪽 버튼 클릭

참고!

서체의 선택은 [컨트롤(Ctrl)] 키를 누른 채 차례로 클릭하거나 마우스를 드래그하여 선택하는 방법이 있습니다.

11 서체의 설치가 완료되면 [닫기(×)]를 클릭합니다.

마우스 왼쪽
버튼 클릭

12 [시작(⊞)] 버튼을 클릭한 후 [Windows 보조프로그램]을 클릭하여 [메모장]
을 클릭합니다.

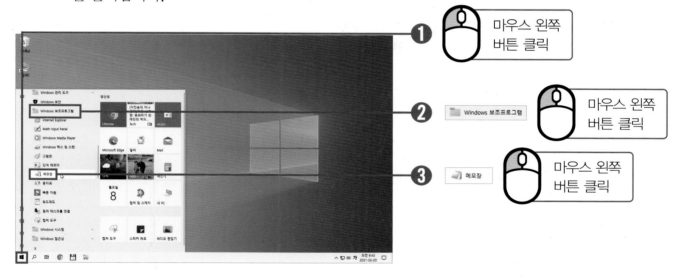

① 마우스 왼쪽
버튼 클릭

② Windows 보조프로그램 마우스 왼쪽
버튼 클릭

③ 메모장 마우스 왼쪽
버튼 클릭

13 메모장의 [서식] 메뉴를 클릭하여 [글꼴]을 클릭합니다.

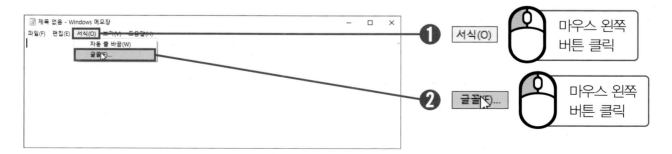

① 서식(O) 마우스 왼쪽
버튼 클릭

② 글꼴(F)... 마우스 왼쪽
버튼 클릭

14 [글꼴] 창이 나타나면 설치한 서체를 클릭하고 [크기]에서 원하는 크기를 클릭한 후 [확인]을 클릭합니다.

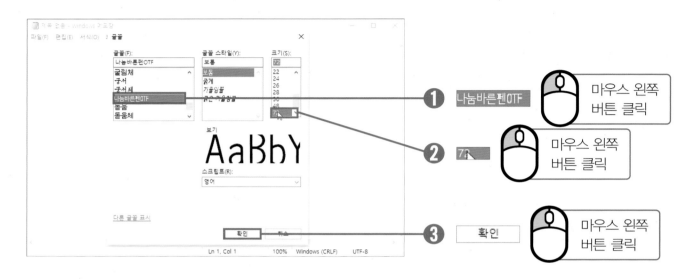

15 내용을 입력하면 설치한 글꼴로 내용이 입력됩니다.

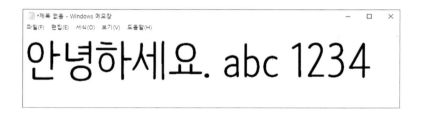

팁! 서체의 저작권

무료로 사용할 수 있는 서체가 많아져서 더 예쁜 문서를 만들 수 있게 되었습니다.

주의해야 할 점은 무료 서체의 경우 개인적인 용도로 사용하는 것은 무료지만, 상업적 용도로 사용할 때는 구매해야 하는 서체가 있습니다.

상업적 목적으로 무료 서체를 사용할 때는 사용 범위를 반드시 확인해야 합니다.

시스템 복원 지점 만들기

컴퓨터를 사용하다가 컴퓨터가 느려지거나 이상해지면 컴퓨터가 느려지기 이전의 상태로 되돌리고 싶은 경우가 있습니다.

특정 시점을 지정한 후 컴퓨터를 사용하다가 복원을 하면 지정한 시점의 컴퓨터 상태로 복구할 수 있습니다. 이 과정은 사용자의 데이터가 삭제될 수도 있으므로 데이터를 USB나 다른 곳으로 백업을 한 후 진행하는 것을 권장합니다.

1) 시스템 복원 지점 만들기

01 [검색] 버튼을 클릭하여 '복원'이라고 입력 후 [복원 지점 만들기]를 클릭합니다.

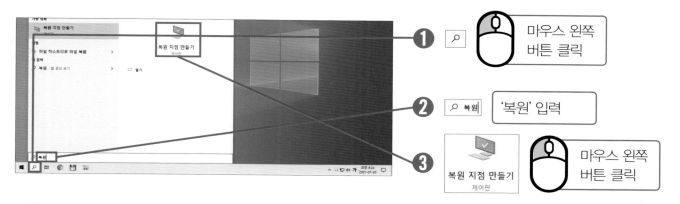

02 [구성]을 클릭합니다. [시스템 보호 사용]을 클릭한 후 [디크스 공간 사용]의 슬라이드 바를 클릭하여 오른쪽으로 드래그하여 [3%] 정도가 되게 한 후 [적용]을 클릭하고 [확인]을 클릭합니다.

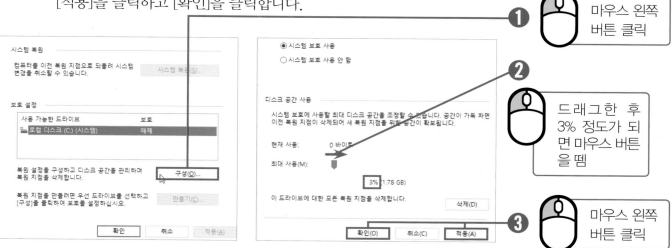

03 로컬 디스크가 [설정]으로 변경됩니다. [만들기]를 클릭합니다.

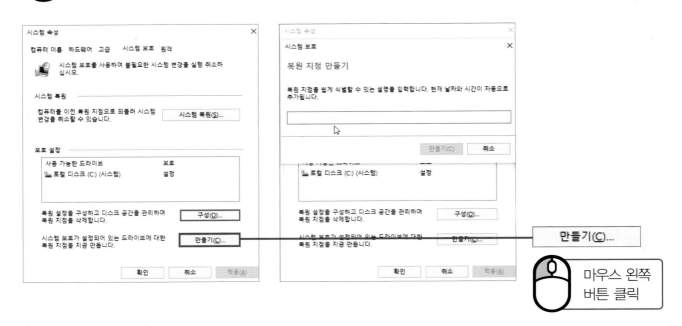

만들기(C)...

마우스 왼쪽
버튼 클릭

04 복원 지점 만들기에서 복원 지점을 만드는 날짜와 시간을 입력한 후 [만들
기]를 클릭하면 복원 지점을 생성합니다.

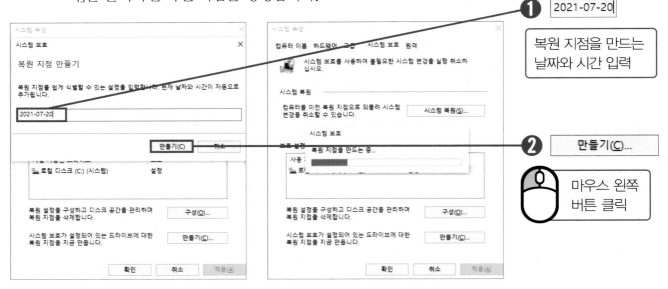

① 2021-07-20

복원 지점을 만드는
날짜와 시간 입력

② 만들기(C)...

마우스 왼쪽
버튼 클릭

참고!

복원 지점 만들기에는 날짜를 입력해도 되고 특정한 문구를 입력해도 됩니다.

복원 지점을 만들었으면 [닫기]를 클릭합니다.

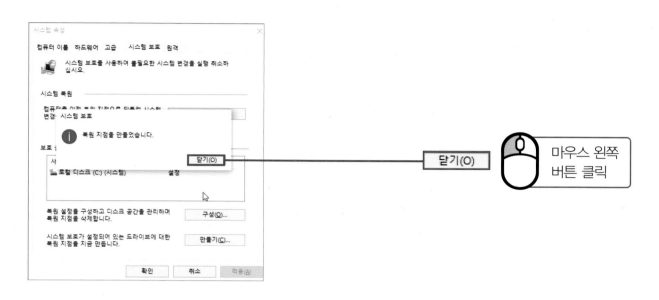

마우스 왼쪽
버튼 클릭

2) 시스템 복원하기

컴퓨터를 사용하다가 컴퓨터가 느려지거나 이상해졌을 때 복원을 합니다.

01 [검색] 버튼을 클릭한 후 '복원'이라고 입력한 후 [복원 지점 만들기]를 클릭
합니다.

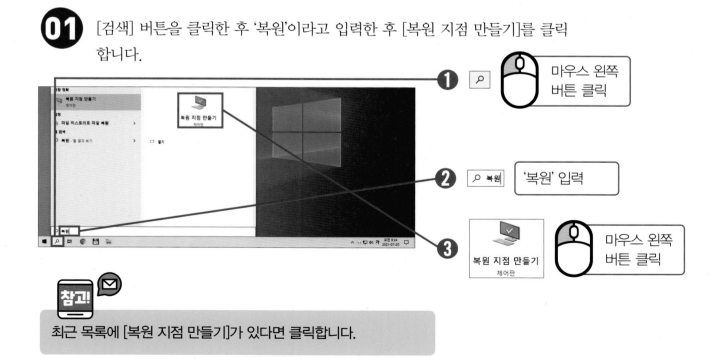

❶ 🔍

마우스 왼쪽
버튼 클릭

❷ 🔍 복원

'복원' 입력

❸ 복원 지점 만들기
제어판

마우스 왼쪽
버튼 클릭

참고!

최근 목록에 [복원 지점 만들기]가 있다면 클릭합니다.

[시스템 복원]을 클릭합니다.

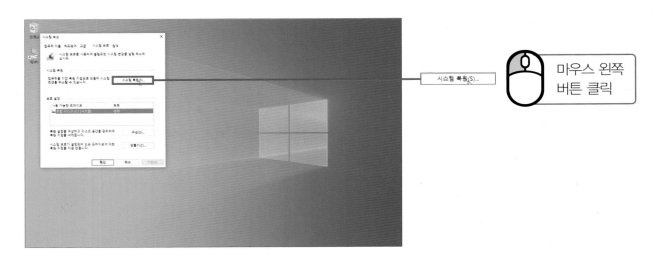

마우스 왼쪽
버튼 클릭

03 [시스템 복원] 창이 나타나면 [영향을 받는 프로그램 검색]을 클릭합니다.

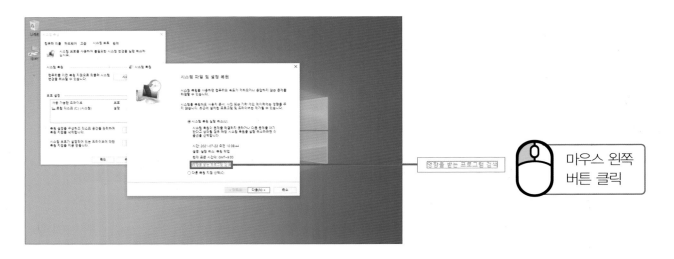

마우스 왼쪽
버튼 클릭

시스템 복원 지점을 생성한 뒤에 설치된 프로그램이나 컴퓨터 드라이버 등을 검사합니다. 드라이버는 컴퓨터
를 사용하는 데 도움을 주는 파일로 사용자가 직접 실행하지는 않습니다.

04 제거되거나 영향을 받는 프로그램이나 드라이버를 확인한 후 [닫기]를 클릭
합니다.

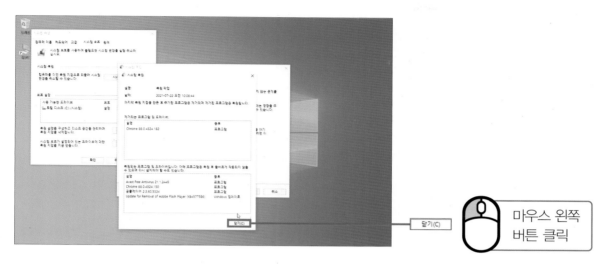

닫기(C) ──── 마우스 왼쪽
버튼 클릭

어떤 프로그램이나 드라이버가 삭제되는지, 다시 설치해야 하는 프로그램이 어떤 것인지 알아 두어 복원 후
다시 설치하는 것이 좋습니다.

05 [다음]을 클릭합니다.

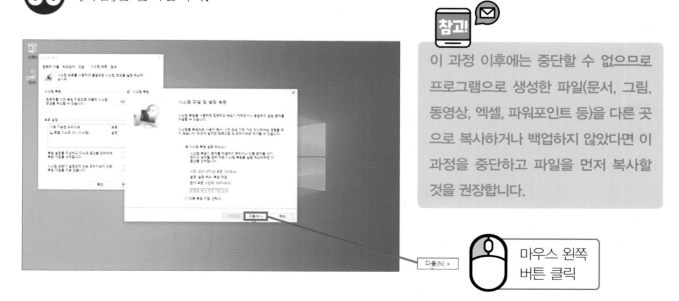

이 과정 이후에는 중단할 수 없으므로
프로그램으로 생성한 파일(문서, 그림,
동영상, 엑셀, 파워포인트 등)을 다른 곳
으로 복사하거나 백업하지 않았다면 이
과정을 중단하고 파일을 먼저 복사할
것을 권장합니다.

다음(N) > ──── 마우스 왼쪽
버튼 클릭

06 [마침]을 클릭합니다.

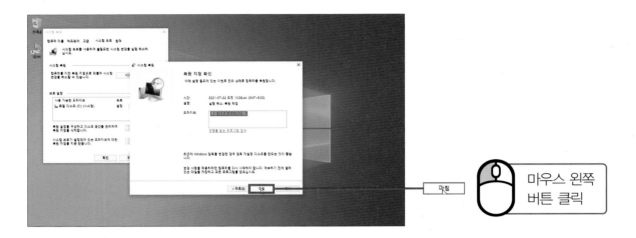

마우스 왼쪽
버튼 클릭

07 복원을 하겠느냐는 메시지가 나타나면 [예]를 클릭합니다.

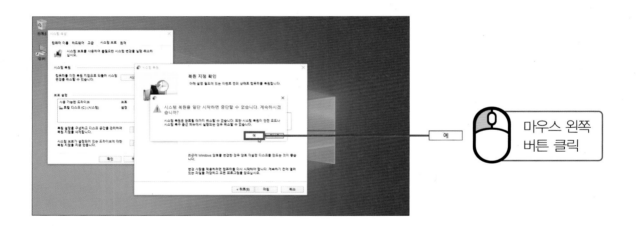

마우스 왼쪽
버튼 클릭

08 컴퓨터가 부팅되면서 시스템 복원을 초기화합니다. 시스템 복원이 종료되
면 시스템이 복원되었다는 메시지가 나타나는데 [닫기]를 클릭합니다.

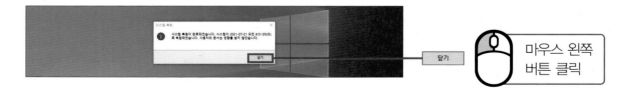

마우스 왼쪽
버튼 클릭

제 08장

외부기기 연결하기

윈도우10은 외부기기와의 연결도 손쉽게 할 수 있는 기능을 지원하고 있습니다. 스마트폰과 USB 케이블을 이용해서 연결한 후 파일을 복사할 수도 있으며, 블루투스(Bluetooth)를 이용하여 다양한 외부기기(스마트폰, 블루투스 이어폰 등)와 연결하여 좀 더 편하게 스마트한 생활을 영위할 수 있습니다.

Section 01

블루투스(Bluetooth) 장치 연결/ 해제하기

블루투스는 근거리(10m 내외) 무선 통신 기술로 컴퓨터와 휴대폰, 블루투스 이어폰, 블루투스 스피커, 블루투스 마우스, 키보드 등의 기기와 무선으로 연결해 주는 기술입니다. 블루투스를 이용하면 무선으로 데이터(파일)를 보내거나 음악을 들을 수 있습니다. 블루투스 기능을 사용하려면 컴퓨터에서 블루투스를 지원해야 하며 이어폰과 스피커 등도 블루투스 기능을 지원해야 합니다.

컴퓨터에서 블루투스를 지원하는지 확인하려면 상태 표시줄에서 ∧를 클릭해서 █(블루투스 표시)가 있으면 가능합니다.

노트북이나 넷북에서는 대부분 블루투스 기능을 지원하고 있지만 데스크탑 컴퓨터에서는 지원하지 않을 수 있습니다. 데스크탑 컴퓨터에서 블루투스 기능을 사용하려면 '블루투스 동글'을 구매해서 설치하면 됩니다.

블루투스 기능이 있는 전자기기는 서로 연결하여 데이터(파일, 동영상, 소리 등)를 교환하거나 보낼 수 있습니다.

1) 블루투스 기기(스피커) 연결하기

블루투스 스피커를 컴퓨터와 연결해 보겠습니다. 사용자의 기기에 따라서 연결 방법
이 다를 수 있습니다.

01 상태 표시줄의 숨겨진 메뉴의 ∧를 클릭한 후 (블루투스 표시)를 클릭하
여 [Bluetooth(블루투스) 장치 추가]를 클릭합니다.

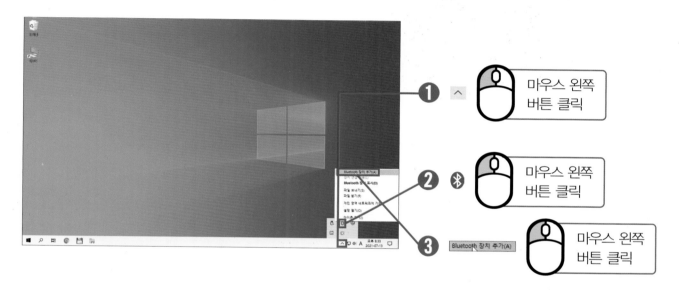

02 [Bluetooth(블루투스) 또는 기타 장치 추가]를 클릭합니다.

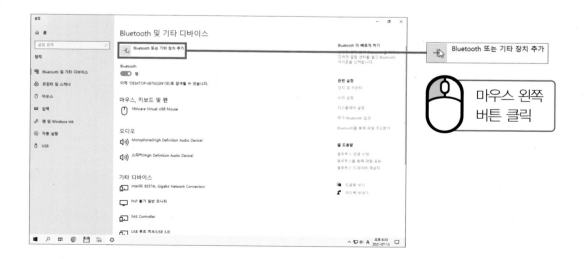

03 [Bluetooth(블루투스) 마우스, 키보드…]를 클릭합니다.

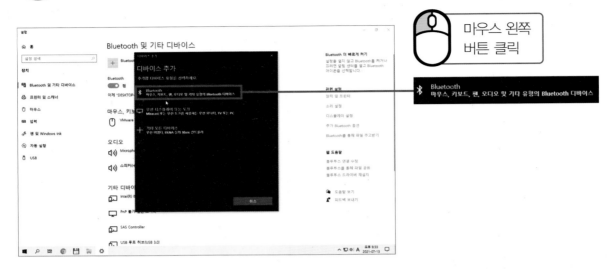

마우스 왼쪽
버튼 클릭

 04 블루투스 기기를 검색합니다.

참고!

기기에 따라서 검색 시간이 다를 수 있습니다. 검색 시간이 너무 오래 걸린다면 기기가 정상으로 작동하지 않는 것일 수 있습니다. 기기를 끄고 다시 켜 보거나 컴퓨터를 재부팅해서 연결을 시도해 보는 것이 좋습니다.

기기가 검색되면 기기를 클릭합니다.

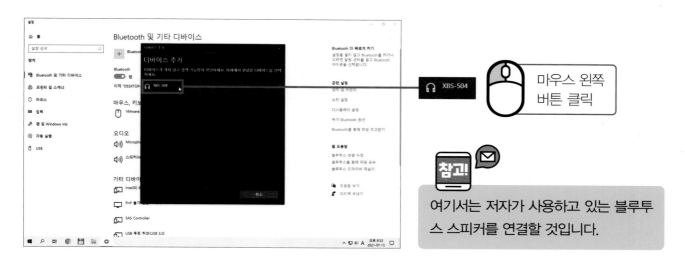

마우스 왼쪽
버튼 클릭

참고! 여기서는 저자가 사용하고 있는 블루투스 스피커를 연결할 것입니다.

06 사용할 준비가 완료되면 [완료]를 클릭합니다.

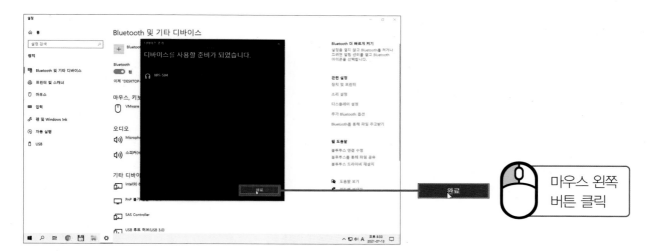

마우스 왼쪽
버튼 클릭

07 연결한 기기가 오디오에 보입니다. [닫기(×)]를 클릭합니다.

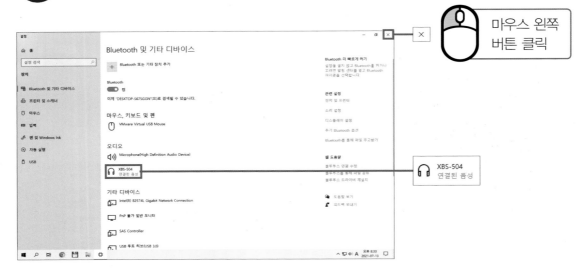

마우스 왼쪽
버튼 클릭

08 스피커를 새로 연결한 블루투스 스피커로 변경하기 위해 상태 표시줄의 🔊를 클릭하고 ⌃를 클릭합니다.

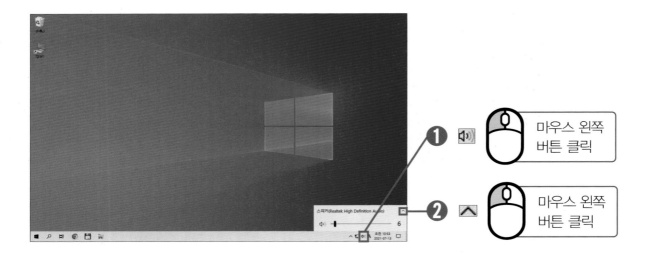

❶ 🔊 마우스 왼쪽 버튼 클릭

❷ ⌃ 마우스 왼쪽 버튼 클릭

09 현재 컴퓨터에서 사용 가능한 스피커의 종류가 나타나면 새로 연결한 블루
투스 스피커를 클릭합니다.

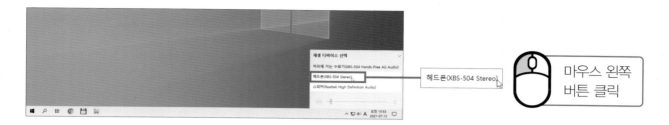

10 새로 연결한 블루투스 스피커로 연결이 변경됩니다.

팁! 블루투스 연결 시 참고

블루투스 기기에 따라서 기기에서도 블루투스로 연결할 준비를 해야 하는 경우가 있습니다.
특정 버튼을 누르고 있거나 블루투스 키보드의 경우 숫자를 입력해야 하는 경우도 있습니다.
스마트폰으로 연결하는 경우에는 스마트폰에서도 연결을 해주어야 합니다.
기기의 설명서를 잘 읽어 보고 연결 방법을 숙지한 후 하는 것이 도움이 됩니다.

블루투스 키보드 연결 시에는 PIN 번호를 눌러야 합니다.

2) 블루투스 기기 연결 삭제하기

블루투스 기기를 사용하지 않을 경우 장치를 제거하는 것이 좋습니다. 더 이상 사용하지 않는 장치를 제거해 보겠습니다.

01 상태 표시줄의 숨겨진 메뉴의 ∧를 클릭한 후 ✳(블루투스 표시)를 클릭하여 [Bluetooth(블루투스) 장치 표시]를 클릭합니다.

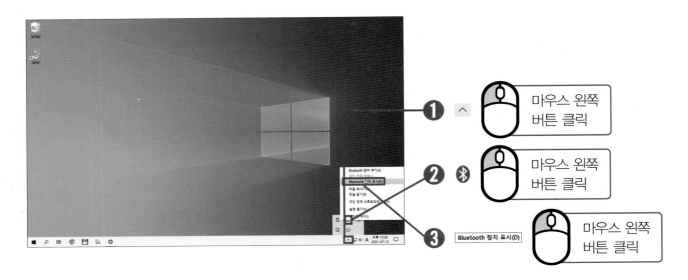

02 제거할 장치를 클릭합니다.

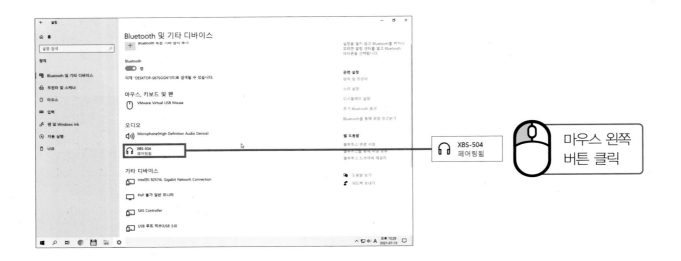

03 [장치 제거]를 클릭한 후 장치를 제거하겠느냐는 메시지가 나오면 [예]를 클릭합니다.

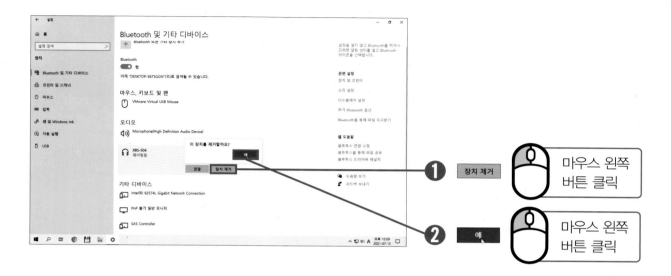

04 장치가 제거됩니다.

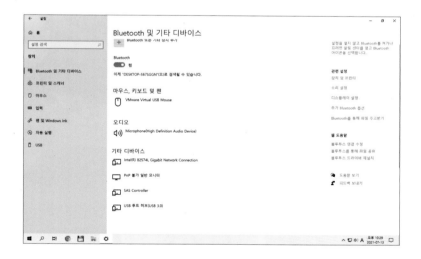

스마트폰 연결해서 파일 보내고 받기

스마트폰으로 사진을 찍으면 용량 문제로 계속 보관하기가 어렵습니다. 스마트폰에 있는 사진을 컴퓨터로 연결해서 복사한 후 컴퓨터에 있는 파일을 스마트폰으로 복사해 보겠습니다.

1) 스마트폰에서 컴퓨터로 파일 복사하기

스마트폰에 있는 사진을 컴퓨터로 복사해 보겠습니다.

01 스마트폰을 USB 케이블을 이용해서 컴퓨터와 연결합니다.

참고!

사용자의 스마트폰에 따라서는 연결 프로그램을 설치해야 하는 경우도 있고 사진이 있는 드라이브도 다를 수 있습니다.

02 스마트폰을 연결한 후 [탐색기]를 실행하고 [내 컴퓨터]를 클릭하면 사용자의 스마트폰이 나타납니다. 스마트폰(이 책에서는 'V30+')을 클릭한 후 사진이 있는 드라이브를 더블클릭합니다.

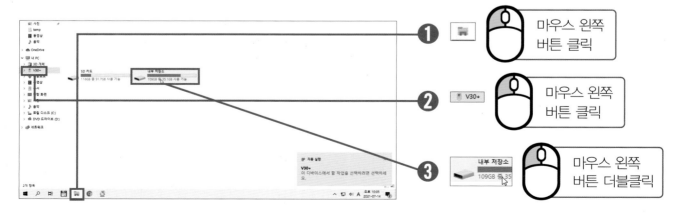

❶ 마우스 왼쪽 버튼 클릭

❷ V30+ 마우스 왼쪽 버튼 클릭

❸ 내부 저장소 109GB 중 35 마우스 왼쪽 버튼 더블클릭

사진이 있는 폴더를 더블클릭합니다.

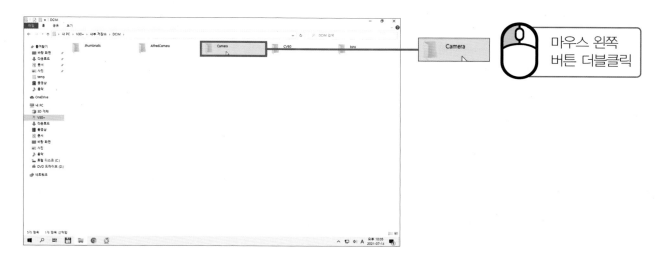

 마우스 왼쪽
버튼 더블클릭

사진이 있는 폴더는 사용자의 스마트폰과 설정에 따라 다를 수 있습니다. 스마트폰의 카메라 기능에서 사진이 저장되는 위치를 확인하면 됩니다.

 사진을 불러옵니다.

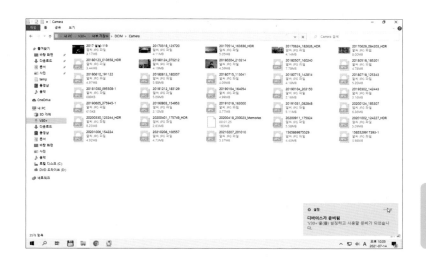

스마트폰이나 컴퓨터의 성능에 따라 불러오는 시간이 다를 수 있습니다.

05 [수정한 날짜]를 클릭하여 내림차순으로 한 후 복사할 파일들을 선택하기
위해 시작할 곳을 클릭한 후 드래그하여 파일을 선택합니다.

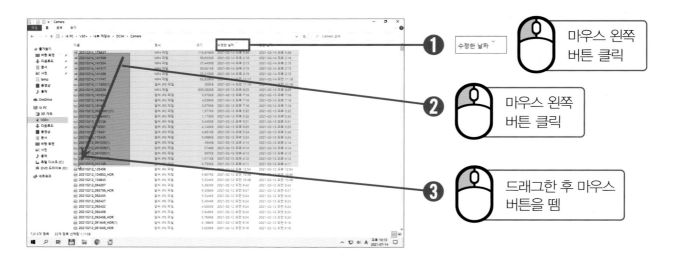

① 수정한 날짜 ∨ — 마우스 왼쪽 버튼 클릭

② — 마우스 왼쪽 버튼 클릭

③ — 드래그한 후 마우스 버튼을 뗌

파일의 용량이 클 경우(기가바이트(GB) 이상) 붙여넣기가 되지 않을 수도 있습니다.

06 마우스 오른쪽 버튼을 클릭한 후 [복사]를 클릭합니다.

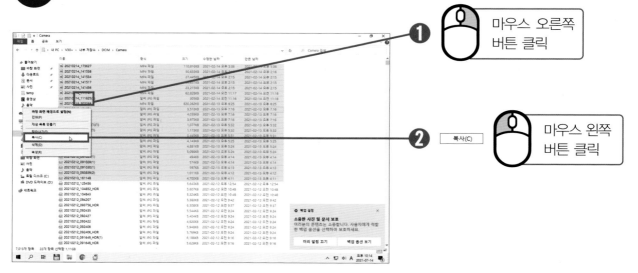

① — 마우스 오른쪽 버튼 클릭

② 복사(C) — 마우스 왼쪽 버튼 클릭

붙여넣기를 할 드라이브를 클릭합니다.

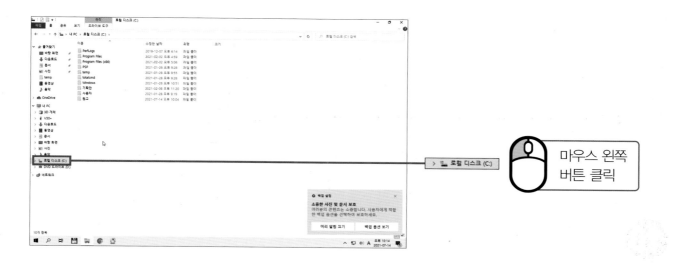

마우스 왼쪽
버튼 클릭

08 빈 공간을 마우스 오른쪽 버튼으로 클릭한 후 [새로 만들기]-[폴더]를 클릭
합니다.

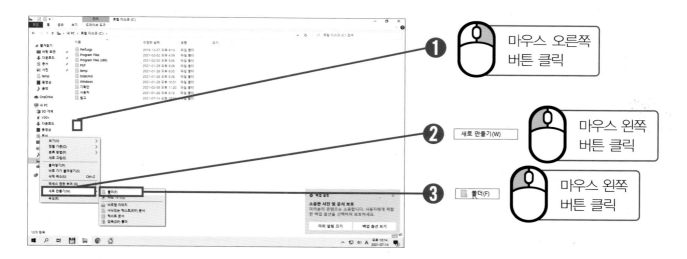

마우스 오른쪽
버튼 클릭

마우스 왼쪽
버튼 클릭

마우스 왼쪽
버튼 클릭

09 [새 폴더]라는 이름으로 새로운 폴더가 만들어지면 폴더에 사용할 이름(이 책에서는 '사진')을 입력한 후 [엔터([Enter])] 키를 누릅니다.

'사진' 입력 후
[엔터([Enter])] 키 누름

10 새로운 폴더를 더블클릭합니다.

마우스 왼쪽
버튼 더블클릭

11 마우스 오른쪽 버튼을 클릭한 후 [붙여넣기]를 클릭합니다.

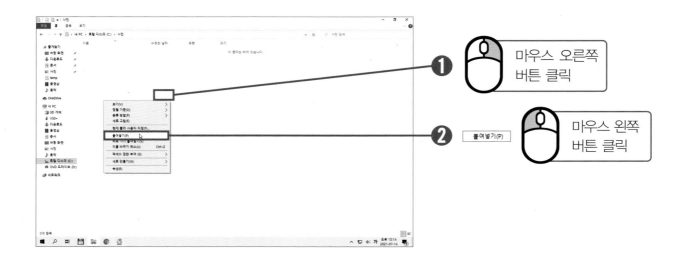

❶ 마우스 오른쪽
버튼 클릭

❷ 마우스 왼쪽
버튼 클릭

복사한 파일들이 붙여 넣어집니다.

2) 컴퓨터에서 스마트폰으로 파일 복사하기

컴퓨터에 있는 파일을 스마트폰으로 복사해 보겠습니다.

01 [탐색기]를 실행한 후 복사할 파일이 있는 드라이브와 폴더를 선택합니다.

02 복사할 파일을 마우스 오른쪽 버튼을 클릭한 후 [보내기]-[스마트폰 모델 명]을 클릭합니다.

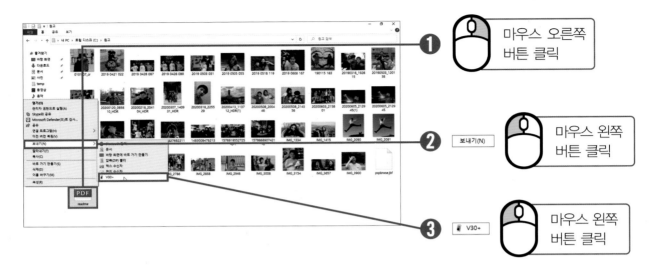

마우스 오른쪽
버튼 클릭

보내기(N)

마우스 왼쪽
버튼 클릭

V30+

마우스 왼쪽
버튼 클릭

03 스마트폰의 외부 메모리(SD 카드)로 복사가 완료되면 [스마트폰]을 클릭하고 [SD 카드]를 더블클릭합니다.

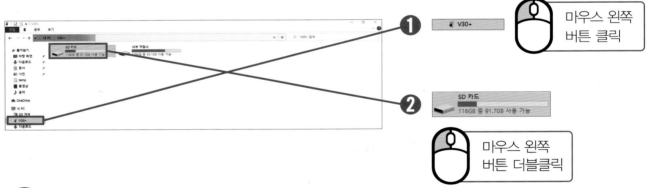

V30+

마우스 왼쪽
버튼 클릭

SD 카드
116GB 중 91.7GB 사용 가능

마우스 왼쪽
버튼 더블클릭

04 SD 카드에 컴퓨터에서 보낸 파일이 복사되어 있습니다.

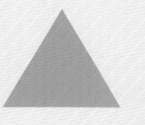

어른들을 위한 가장 쉬운
윈도우10

어른들을 위한 가장 쉬운
윈도우10